결단 전문가를 위한 24가지 법칙

결단 전문가를 위한 24가지 법칙

―명쾌한 결단을 위한 사고 기술

이마무라 에이자부로 지음

이정환 옮김

나무생각

알면서 실행하지 않는 것은 모르는 것과 같다.

―가이바라 에키겐(貝原益軒)

머리말

살아가다 보면 순간순간 선택의 갈림길에서 중요한 결단을 내려야 할 때가 있다. 그런 경우에 확고한 결단을 내리지 못하고 다음과 같이 생각하며 망설이다 보면 끝없는 고뇌에 사로잡힐 것이다.

- 내가 정말 누구나 납득할 만한 결단을 내릴 수 있을까?
- 과연 내가 예상한 결과가 나올까?
- 지금 이 순간이 결단을 내려야 하는 때일까?

결단을 내린다는 것은 이렇게 어려운 일이다.

사람들 대부분은 결단을 내릴 때 '순간적인 착상'이나 '선례주의'를 기준으로 삼지만 결단은 그렇게 단순한 것이 아니다. 충분한 정보에 근거하여 깊이 생각한 다음에 뜻을 정해야 하며 그 결정을 실행에 옮겨야 비로소 결단이 될 수 있다.

요즘처럼 정보가 넘치고 스피드화, 복잡화된 세상에서 순간적인 착상이나 선례주의를 바탕으로 결단을 내리는 것은 매우 위험한 행동이 아닐 수 없다.

또한 경험만 쌓는다고 해서 자연스럽게 결단을 내릴 수 있는 것도 아니다. 경험을 바탕으로 결단을 내린 경우에도 그것이 '무엇에 근거하여', '어떤 식으로' 결단을 내린 것인지 그 근거를 명확히 할 수 없는 경우가 많다. 그 이유는 결단을 내리는 과정이 '눈에 보이지 않는 부분'에 존재하기 때문이다.

결단을 내리는 행위 자체는 자신의 머리 속에서 이루어지기 때문에 다른 사람은 그 과정을 알 수 없다. 따라서 남들이 충고하거나 잘못된 부분을 지적하는 식으로는 절대 확인할 수가 없다. 또한 자신의 입장에서 보아도 결단에 이르기까지의 과정에 문제가 없었다고 단정하기 어려워 그 결단이 옳은지 그른지 확신을 가질 수 없다. 그 때문에 결과가 좋으면 바람직한 '결단'을 내렸다고 주장할 수 있지만 납득할 수 없는 결과가 나타났을 때는 '운이 나빴다'는 표현으로 변명하기 쉽다.

가장 중요한 점은 '골(목적)이 무엇인지', '우선 순위는 어떻게 매겨야 하는지', '위험요소와 기회는 어떤 것인지' 등 결단을 위해 생각해야 할 포인트를 분명히 인식하고 있지 않다는 것이다. 그래서 결단을 내려야 할 상황에 몰리게 되면 뒤로 미루거나 당황하는 경우가 종종 있다. 중대한 결단일수록 생각해야 할 폭이 넓어지기 때문에 어떤 점을 중시해야 할지 판단이 서지 않아 결단을 내리기 어려워진다.

　한 번 내린 결단이 실패로 끝난 경우에도 어떤 부분에 잘못이 있었는지 파악하기 어려워 같은 실패를 두 번, 세 번씩 되풀이하게 되는데 이것은 정보를 올바르게 정리할 수 없기 때문에 발생하는 실패이다.

　오늘날 IT 혁명 덕분에 필요한 정보를 원하는 만큼 모을 수 있게 되었다. 하지만 이런 상황을 바꾸어 말하면 정보가 너무 많아 마치 홍수가 난 것처럼 넘치는 상황이라고 표현할 수도 있다. 그 때문에 정말로 필요한 정보를 놓칠 수도 있고 자신의 마음에 든다거나 단순히 진기한 정보라는 이유만으로 섣부른 결론을 내버리는 경우도 적지 않은데, 이것은 정보를 제대로 정리할 수 없기 때문에 발생하는 혼란이다.

'정보 정리'라고 하면 대부분의 사람은 컴퓨터에 데이터로 저장하는 것만을 생각하겠지만 본래는 결단을 내릴 때 필요한 정보를 빠르게 선택, 정리하는 것을 의미한다. 즉 결단을 내리기 위해 필요 없는 정보를 제거하는 작업도 중요하다는 말이다.

일본 메이지 시대(明治時代)의 교육가이며 계몽가였던 후쿠자와 유키치(福澤諭吉)는 1872년에 쓴 저서《학문의 권유》에서 '지식'에 관하여 다음과 같이 말했다.

"사물의 도리를 이해한 인간으로서의 책임을 자각할 수 있어야 진정한 지식인이다."

단순히 지식을 갖추는 것만으로는 '지식의 창고'일 뿐 아무런 도움이 되지 않으며, 유해한 지식을 제거할 수 있어야 비로소 지식을 갖춘 사람이다. 즉 단순히 정보를 아는 것만으로는 아무런 도움이 되지 않는다는 뜻이다.

그렇다면 필요한 정보를 어떤 식으로 적절히 정리해야 할까?

정보 네트워크가 발달한 현재, 정보를 정리하는 기술이야말로 지혜를 이끌어내는 지름길이다. 즉 '정보를 축적하는 기술/지식'에서 '정보를 정리하는 기술/지혜'로 평가 기준이 바뀐 것이다. 속도감 있고 확실한 결단에 필요한 것은 당연히 후자 쪽이다.

필자는 지금까지 미국과 일본의 많은 기업이나 조직의 개혁 작업에 참가하여 경험을 쌓아왔다. 이러한 경험과 조사 결과를 통해 결단은 선천적인 능력이라기보다는 그 사람의 정보 처리 방식(정보를 정리하는 기술), 그리고 거기에 근거한 '사고의 포인트'와 '프로세스(과정)'에 의해 성립되는 것임을 알았다.

이 책의 목적은 결단의 프로페셔널들이 결단에 이르기까지의 사고 과정에서 이끌어낸 '사고의 포인트(싱크포인트, 즉 의사)'와 '프로세스'를 소개하는 데 있다. 이를 익히면 고품질의 빠른 결단을 내릴 수 있을 뿐 아니라 일상적인 행동 자체도 확실히 개선될 것이다. 나아가 업무나 생활의 선택 범위가 매우 넓어져 새로운 영역으로 발을 들여놓아야 하는 경우에도 결코 주저하지 않게 될 것이다.

이 책에 설명된 구체적인 예는 대부분 필자가 일을 하는 과정에서 관여해온 실질적인 사례들이다.

이 책을 읽을 때는 우선 제1부 '기술편'에서 여섯 가지의 결단 프로세스와 24가지의 싱크포인트를 익힌 뒤 제2부와 제3부의 순서로 나아가는 것이 좋다. 또한 제2부 이후를 읽을 때도 필요할 때마다 제1부로 되돌아가 프로세스와 싱크포인트를 확인하는 태도가 필요하다. 그렇게 하면 당신의 결단은 반드시 속도감 있고 확실한 모습으로 바뀔 것이다.

| 목차 |

머리말 · 6

제1부 기술편 결단 프로세스를 익히다

프롤로그 · 19

성공한 사람들의 의사 결정 속도 · 19

누구를 위한 결단인가 · 20

결단에 이르기까지의 프로세스를 '영상화'한다 · 21

싱크포인트(Think Point) · 21

전략 · 전술 · 실시 · 22

제1장 | 전략 프로세스

 1) 골 · 목적 · 26

     01 기초 인식을 확실히 한다 · 27

     02 디자이어(자신이 갖추어야 할 모습)를 명확히 한다 · 31

     03 전략기동력(戰略機動力 : 모빌엔진)을 밝혀낸다 · 32

     04 골(방향)을 설정한다 · 35

제2장 | **전술 프로세스**

　1) 상황 파악 · 39

　　　05 문제점을 열거한다 · 40

　　　06 사실적인 정보를 중시한다 · 42

　　　07 과제화(행동계획/액션플랜) 한다 · 43

　　　08 우선 순위를 분명히 매긴다 · 46

　2) 원인 규명 · 48

　　　09 차이를 명확히 한다 · 49

　　　10 정보를 재빨리 정리한다 · 50

　　　11 정보의 품질을 확인한다 · 54

　　　12 가정한 원인을 정보로 검증한다 · 55

　3) 선택 결정 · 57

　　　13 안건, 선택의 목적을 명확히 한다 · 58

　　　14 목표나 조건을 열거하고 평가한다 · 59

　　　15 복수의 안건을 생각한다 · 60

　　　16 위험요소를 생각한다 · 63

　4) 장래 분석 · 68

　　　17 달성해야 할 포인트를 결정한다 · 69

　　　18 중대한 영역을 체크한다 · 70

　　　19 위험요소와 기회를 정리한다 · 71

　　　20 대책에는 사전대책과 사후대책이 있다 · 72

　　　* 전술 프로세스 정리 · 78

제3장 | **실시 프로세스**

  1) 실시 분석 · 81

      21 업무를 세밀하게 분류한다 · 82

      22 역할 분담을 분명히 한다 · 82

      23 진행상의 중요한 포인트를 체크한다 · 85

      24 경험의 영상화를 도모한다 · 86

     * 제1부 정리 · 88

제2부 습득편 실례를 적용한다

제4장 | **역사를 통해 살펴보는 결단**

    스푸트니크 쇼크 · 93

    인생 최대의 패배를 맛보다 · 94

    '기초 인식'을 소홀히 한 케네디 · 96

    케네디가 명확히 한 골(목적) · 98

    결단을 국민과 공유화 · 101

    핵전쟁을 막은 결단 · 103

제5장 | **기업을 통해 살펴보는 결단**

    '결단의 프로' 야마토 운수의 오구라 마사오(小倉昌男) 사장 · 108

    과거에 성공했던 경험이 결단을 방해했다 · 109

    경영이란 자신의 머리로 생각하는 것 · 110

전원 경영 · 112

택배사업에 참가할 때까지의 결단 프로세스 · 113

'택배개발요강'의 기본적인 사고방식 · 116

커뮤니케이션이야말로 모빌엔진 · 119

기업 조직의 호순환 · 121

골을 향한 코스 · 123

제3부 실천편 직접 결단을 내려본다

프롤로그 · 129

결단의 품질이 항상 일정한 결단의 프로페셔널 · 129

다섯 가지 자문자답 · 131

[실례 1] 상황 파악 프로세스 · 133

[실례 2] 원인 규명 프로세스 · 151

[실례 3] 장래 분석 · 실시 분석 프로세스 · 160

마치고 나서 · 187

기술편

결단 프로세스를 익히다

성공한 사람들의 의사 결정 속도

예로부터의 정설로 다음과 같은 말이 있다.

"성공한 사람들의 사고 속도는 매우 빠르다."

바꾸어 말하면 결단이 매우 빠르다는 뜻이다.

특히 세계 일류 기업의 경영자들은 한결같이 이렇게 주장한다.

"시장 개척, 제품 개발, 공장 건설 등 경영의 모든 국면에서 가장 중요한 것은 의사 결정 속도를 높이는 것이다."

그렇다면 그들은 어떻게 해서 이처럼 빠른 결단을 내릴 수 있을까? 그 이유는 간단하다. 결단을 내릴 때까지의 순서, 즉 결단 프로세스를 확실하게 파악하기 때문이다.

수많은 사람이 결단을 내릴 때 '즉흥적인 착상'이나 '육감', '좋고 싫은 감정' 등에 의지한다. 물론 그런 것들을 모두 부정할 수는 없다. 다만 '즉흥적인 착상'이나 '육감'을 중시하는 경우에도 결단에 이르기까지의 과정을 확실하게 파악해야 한다는 것이 전제 조건이 된다.

누구를 위한 결단인가

성공한 사람들이 결단을 내릴 때의 특징을 잘 살펴보면 가족이나 종업원, 은사, 은인 등 결단의 대상이 매우 명확하다는 점을 알수 있다.

하지만 경영관리자 3백50명에게 '결단'이라는 말에서 연상되는 것이 무엇인지 조사해 보았더니 93.5퍼센트가 '누구를 위해 그런 결단을 내리는 것인가' 하는 문제에 대하여 전혀 고려하지 않는다는 사실을 알 수 있었다(1997-1998. 매니지먼트 연구소의 조사). 이 결과를 통해서도 자신의 즉흥적인 착상이나 감정적인 충동에 의지하여 직감적, 즉흥적으로 결단을 내리는 경우가 매우 많다는 사실을 알 수 있다.

직접 결단을 내리고자 했을 때 그것이 과연 누구를 위한 결단인가를 명확히 해야 할 필요가 있다. 그 이유는 수많은 사례가 다음과 같은 사실을 알려주기 때문이다.

"특정한 사람을 위한 결단이야말로 많은 사람의 마음을 움직일수 있는 힘이 된다."

설령 자신을 위해 내린 결단이라 해도 그 결단이 폭넓은 영향을 끼치는 경우가 많다는 것 또한 사실이다.

결단에 이르기까지의 프로세스를 '영상화'한다

성공한 사람들이 결단을 내리는 특징으로서 머리 속의 스크린에 결단에 이르기까지의 프로세스를 비춘다는 점을 들 수 있다. 성공한 사람들은 그 영상을 보면서 순간적으로 정보를 정리하여 빈틈이나 실수를 배제하고 정보의 내용을 양적·구체적으로 압축시켜 비교하며 정보가 부족하면 추가하여 가장 적합한 최선의 사고방식을 발췌, 최종 결정과 연결시킨다.

즉 성공한 사람이란 결단에 이르기까지의 프로세스를 영상화하는 능력이 뛰어난 사람이다. 천성적으로 이런 능력을 타고난 사람도 있지만 의식적으로 프로세스를 영상화하고자 노력함으로써 빈틈이나 실수를 배제하고 빠른 결단을 내릴 수 있다. 즉 일반인도 빠른 이해, 빠른 선택, 평이한 표현으로 결단을 실행할 수 있는 것이다.

싱크포인트(Think Point)

- 의사 결정 속도가 빠름
- 결단의 대상이 명확
- 결단에 이르기까지의 프로세스를 영상화

이상의 세 가지 특성이 성공한 사람들이 결단을 내릴 때의 공통점이라고 말할 수 있다.

결단 프로세스를 익히다

필자는 오랜 세월에 걸쳐 여러 기업의 신규사업 개발, 제품시장 전략, 업무 개선, 경영관리자 육성 등 조직활성화를 도왔고 그 과정에서 많은 경험을 쌓아 왔다. 그리고 그런 과정을 통해서 비록 적은 숫자이기는 하지만 매우 빠른 결단을 내리고 높은 성과를 올리는 우수한 경영관리자를 만날 수 있었다. 그 사람들은 한결같이 앞에서 열거한 세 가지 특징을 갖추고 있어 빠른 속도로 정보를 정리하고 명확한 프로세스를 밟아 결단을 내렸다.

20세기 비즈니스 업계의 위대한 성공인, 그리고 저명한 리더들이 결단을 내리는 사례를 해석해 보면 세 가지 특징 중에서도 특히 '프로세스의 영상화'에 있어서 공통적으로 우수하다는 사실에 놀라지 않을 수 없다.

결단에 이르기까지의 프로세스는 싱크포인트(사고의 포인트, 즉 의사)의 연쇄에 의해 구성되며 단순히 즉흥적인 감각이나 육감, 행운이나 우연의 작용과는 거의 인연이 없다.

조직의 리더나 성공한 사람들은 결단의 명인, 즉 결단의 프로페셔널이어야 한다. 바꾸어 말하면 그들이 결단을 내릴 때는 싱크포인트를 확실하게 파악함으로써 속도와 정확성을 확보하고 끊임없이 스스로 검증한다는 의미이다.

전략 · 전술 · 실시
결단에 이르기까지의 프로세스는 크게 다음과 같은 세 가지 단계로 성립된다.

- 전략
- 전술
- 실시

각각의 단계에는 싱크포인트가 존재한다.

결단을 내린다고 표현해도 '전략→전술→실시'의 순서로 프로세스를 거쳐 결단을 내리는 경우가 있고 각각의 프로세스, 예를 들면 전략 프로세스나 전술 프로세스만으로 결단을 내리는 경우도 있다.

일상적으로 전략과 전술을 혼동하는 사례를 흔히 찾아볼 수 있는데, 사실 전략과 전술은 다른 것으로 '전략'은 WHAT(무엇)이고 '전술'은 HOW(어떤 식으로)라고 할 수 있다. 이렇게 보면 전략이 전술보다 고도의 가치를 갖추었다고 생각하기 쉽지만 반드시 그렇지만은 않다. 전략은 '골, 목적, 방향 설정'이며 전술은 '전략을 달성하기 위한 방책, 방식'으로 이해하는 것이 옳다.

지금부터 성공한 사람들이 결단을 내릴 때 공통되는 과정과 거기에 속하는 24가지 싱크포인트를 소개하기로 한다. 이것들은 결단의 프로페셔널들에게서 흔히 볼 수 있는 사고 프로세스의 순도를 높여 추출, 공식화하고 보편화한 것이다. 물론 이것들을 익힌

다고 해서 당장 기적적으로 올바른 판단을 내릴 수 있다고 단정하기는 어렵다. 하지만 육감이나 경험에 의지하거나 암중모색으로 결단을 내렸을 때와 비교하면 결단의 정밀도가 훨씬 높아지리라는 점은 단언할 수 있다.

이제부터 24가지의 싱크포인트를 열거할 것이다.

이것들을 모두 섭렵한 뒤에 결단을 내리는 것이 가장 이상적이지만 시간적인 제약 등에 의해 불가능한 경우도 있을 것이다. 그런 경우에는 하나라도 좋으니까 싱크포인트를 활용하기 바란다. 그렇게 한다면 결단의 질은 지금까지보다 훨씬 더 향상될 것이다.

| 전략 · 전술 · 실시 |

골 · 목적

무엇을 할 것인가?　　　　　(What to do)
　　　　　　　　　　　　　　　　　　　　　　　전략(Strategy)
어느 부분을 노려야 하는가?　(What to be)

상황 파악

무엇이 문제인가?　　　　　(Situation Appraisal)

원인 규명

무엇 때문에 그렇게 되었는가? (Problem Analysis)

　　　　　　　　　　　　　　　　　　　　　　　전술(Tactic)

선택 결정

최선책은 무엇인가?　　　　(Decision Analysis)

장래 분석

장래에 문제는 없는가?　　　(Future Analysis)

실시 분석

그것은 달성할 수 있는가?　(Implementation
　　　　　　　　　　　　　　　Analysis)　　　실시(Control)

결단 프로세스를 익히다

제1장

전략 프로세스

1) 골 · 목적

이번 장에서 열거할 싱크포인트는 다음과 같다.

01 기초 인식을 확실히 한다.
02 디자이어(자신이 갖추어야 할 모습)를 명확히 한다.
03 전략기동력(戰略機動力 : 모빌엔진)을 밝혀낸다.
04 골(방향)을 설정한다.

이것들은 '전략' · '전술' · '실시'라는 세 가지 결단의 프로세스 중에서 '전략'을 표현하는 프로세스이다. 장래를 확고하게 결단짓기 위해서는 이러한 전략 프로세스를 밟는 것이 매우 중요하다.

01 기초 인식을 확실히 한다

　결단의 프로페셔널이라면 항상 다음과 같은 세 가지 점에 주목
하여 결단에 관한 기초적인 인식을 확실하게 한다.

　A. 환경의 변화

　결단의 프로페셔널은 공통적으로 '환경의 변화'에 매우 민감하
다. 특히 비즈니스에서 결단을 내리는 경우 이들이 주목하는 점은
'사회적 가치의 동향'과 '기술의 진보'이다. 그 밖에도 '경제동
향', '기술혁신', '산업구조의 변화'라는 요인을 점검하여 각각에
대한 검증을 하고 자신을 둘러싼 환경에 어떤 변화가 있는지 신중
하게 파악한다.

　대체적으로 결단의 프로페셔널은 '새로운 것을 좋아하는 사람'
이다.

　B. 경합하는 대상

　결단의 프로페셔널은 자신의 경쟁상대인 인물이나 조직을 항상
고려한다. 그것이 자신의 장점이나 약점을 확실하게 부각시켜 주
는 역할을 하기 때문이다.

　C. 자신이 보유한 '능력', '자산' 및 '경험'

　자금 등 투입이 가능한 경영자원을 비롯해 자신의 능력이나 경

험을 확실하게 파악해두지 않으면 결단을 내릴 때 실수를 저지를 수도 있다.

위의 세 가지 요소에 주목함으로써 자신이 놓여 있는 위치를 좀 더 확실히 인식할 수 있으며 현재의 자신을 냉정한 상태로 유지할 수 있다.

구체적인 예 : 확실한 기초 인식에 따른 결단

여행업계는 요즘 할인 티켓 증가에 불황까지 가세하여 해외여행 신장률을 기대하기 어렵다는 이유에서 대폭적인 합리화를 진행하고 있다. 대기업 여행사에 속하는 S사도 종업원 수를 대폭적으로 줄인다는 계획을 현재 추진중이다.

S사 도쿄(東京) 지점의 영업과장인 N씨는 동기들이 잇따라 인사과로 불려가 명예퇴직에 관한 인터뷰를 당하는 상황 속에서 어느 날 그 자신도 인사과의 부름을 받게 되었다. 마침내 올 것이 왔다는 생각에 마음을 다져 먹고 인사과장과 면접을 시작한 N씨는 과장의 입에서 뜻밖의 말을 듣게 되었다. 즉 K현(縣) 지사 해외여행 사업부로 진급 발령되었다는 이야기였다.

N씨는 마음이 놓였지만 다른 한편으로는 새로운 직장에 가면 자신의 매니지먼트 능력이 시험당하리라는 점을 분명하게 인식했다.

지금까지 N씨는 담당 지역의 대리점이나 기업, 단체의 고객을 대상으로 공동 주최 여행이나 맞춤 여행을 영업하여 판매율을 높이는 비교적 단순한 업무를 담당해왔다. 그러나 이번에는 33명의 부원을 이끌면서 업무 추진, 매상 확대, 수익 향상에 관한 책임을 지고 일을 추진해야 하는 상황에 놓인 것이다.

K현의 시장은 J사, K사, N사, T사 등 거대한 여행사들이 진을 치고 있기 때문에 만만한 곳이 아니다. N씨는 K현 지사 해외여행 사업부에서 해야 할 업무의 기본적인 방향 설정을 가능한 한 빨리, 그리고 명확하게 제시해야 했다. 그래서 우선 다음과 같은 세 가지 사항에 집중하여 정보를 정리해 보았다.

(1) (K현의) 환경 변화

(2) 경합해야 할 대상

(3) 자신(해외여행 사업부)이 보유하고 있는 능력

(1) S사의 K현 지사 해외여행 사업부는 K현에서 3위의 자리를 차지하고 있다. 그러나 지난 3년을 돌이켜볼 때 목표는 그럭저럭 달성한 편이지만 업계의 평균신장률을 밑돌고 있다. 이래서는 바람직한 상황이라고 판단하기 어렵다.

(2) 특히 최근의 변화에서는 직장 여성, 중년 부부 등을 중심으로 취미나 쇼핑을 목적으로 하는 패키지 여행에 관한 관심이 높아지고 있다. 한편, S사와 경합하는 K사는 대도시 근교에서의 판매망

결단 프로세스를 익히다

확대에 착수하고 있으며 T사는 파워세일즈를 전개하고 있다.

(3) K현 지사 해외여행 사업부의 장점은 실력이 정평이 나 있는 우수한 영업사원(S사 전체 중에서 영업 실적 3위 안에 들어 있는 곳은 K현 지사뿐)으로, 오랜 세월 동안의 경험을 축적해 두었기 때문에 K현에서는 '해외여행은 S사'라는 이미지가 강하게 심어져 있다.(브랜드의 위력)

또한 K현 지사의 젊은 영업사원들 중에는 컴퓨터에 정통한 사원들이 몇 명 있다. N씨는 그들에게 해외여행 사업부 홈페이지를 만들게 했고, 그것은 좋은 평판을 받았다. 나아가 N씨는 그들을 이용하여 K현의 고객(학교, 기업, 단체, 대리점 등) 가운데 약 2백 개 단체를 네트워크화하는 데 성공했다.

이런 식으로 환경 변화, 경합해야 할 대상, 자신이 보유하고 있는 능력 등을 중점적으로 조사하고 고민한 끝에 N씨는 K현 지사 해외여행 사업부의 업무 추진 방향을 '현재 확보한 고객을 중심으로 하는 영업'에서 '고객이 원하는 욕구나 요망을 발굴해내어 그 목적에 어울리는 여행을 제안하는 방식의 영업'으로 전환하기로 결단을 내렸다. 그래서 고객의 욕구를 조사하는 한편, 거기에 어울리는 서비스 제안형 온라인 영업 시스템으로 패키지화하여 실시했고, 그 결과 고객의 요구를 모든 각도에서 재빨리 파악하는 데 성공했다.

현재의 고객을 유지하는 전통적인 영업을 계속하다 보면 즉흥적인 육감이나 순간적인 판단에 빠지기 쉽다. N씨가 결단을 내린 지

3년 후 S사의 K현 지사 해외여행 사업부는 K현에서 가장 높은 시장점유율을 자랑하게 되었고, 이 비즈니스 모델을 모든 여행사에서 도입하게 되었다.

02 디자이어(자신이 갖추어야 할 모습)를 명확히 한다

다음으로 해야 할 일은 지금까지 자신이 '성공한 일', '실패한 일'을 명확하게 하는 것, 성공과 실패의 차이를 끈기있게 살펴 명확히 하는 것이다. 그렇게 하면 현재 상태에서 어떤 가능성이 가장 현실적인지 분명하게 파악할 수 있다.

이런 내용을 생각할 때 결단의 프로페셔널은 눈에 보이지 않는 자산인 자신의 '신조'·'이념'·'가치관'·'브랜드'를 마음속으로 되씹어 본다.

가까운 미래에 자신이 갖추어야 할 모습을 자기 자신과 다른 사람에게 솔직히 표현하는 일은 결코 주저할 문제가 아니다. 하지만 반드시 간단한 말로 표현해야 한다.

"무엇을, 언제까지, 어떤 식으로 실현하겠다."

이런 식이다.

자칫 결단의 기술을 성급하게 추구하기 쉽지만 미래의 모습을 명확히 정해두지 않으면 그 모습을 달성할 때까지 무엇이 부족한지, 무엇이 필요한지, 어느 정도의 비용이 들어가는지 구체적으로 표현하기 어렵다. 또한 구체적인 표현이 제시되지 않은 상태에서 올바른 결단을 내릴 수는 없다.

03 전략기동력(戰略機動力 : 모빌엔진)을 밝혀낸다

일반적으로 사람들은 자신의 진정한 장점이나 핵심적인 능력이 무엇인가에 대하여 깊이 생각해 보는 경우가 거의 없다. 그러나 결단의 프로페셔널은 항상 자신 또는 조직의 발판이 되는 파워의 원천(모빌엔진)을 분명히 이해하고 나아가 그 원천이 앞으로도 유효한 것인지 생각한다. 이때 유효한 것이 아니라면 새로운 모빌엔진이 무엇인지 주의 깊게 살펴보는 것이 필요하다.

일단 모빌엔진이 명확해지면 그것을 바탕으로 시시각각 달라지는 환경 변화를 이해할 수 있고, 지금까지 손대지 않았던 영역이나 눈에 보이지 않았던 가능성들을 깨닫게 된다.

구체적인 예 : 명확한 모빌엔진에 따른 결단

K 뉴타운 쇼핑센터 안에 있는 돈가스(포크커틀릿) 판매점 '돈토미'. 이 가게 주인 A씨는 지난 20년 동안 열심히 일하여 본점 외에도 다른 한 곳에 가게를 낼 정도로 크게 번성시켜 왔다. A씨의 싹싹한 성품과 더불어 간판상품인 돈가스의 바삭거리는 맛이 고객의 사랑을 듬뿍 받았기 때문이다.

60대 중반이 된 A씨는 최근 들어 자신의 건강이 매우 나빠졌다는 사실을 깨달았다.

A씨에게는 무역상사에서 영업사원으로 일하는 장남(36세)이 있지만 밖으로 돌아다니는 일을 좋아하는 아들이 돈가스 판매점을 물려받을 가능성은 거의 없으므로 아들에게 가게를 물려주겠다는 기대는 일찌감치 포기하고 있었다. 하지만 이대로 가게 문을 닫기는 아까워 일단 시험삼아 의논해 보기로 했다.

무역상사에서 벤처 기업 육성 업무에 관여하던 장남은 자신이 벤처 비즈니스 당사자가 될 수 있다면서 A씨의 예상과 달리 흔쾌히 그 제의를 수락하고 모든 책임을 자신이 진다는 조건으로 즉시 가게를 물려받겠다고 했다. 그는 아버지와 함께 세밀한 의논을 하면서 앞으로 추진해야 할 방향에 관한 의견 차이를 도출해 보았다.

'돈토미'의 장점은 무엇이고 고객에게서 사랑을 받는 이유는 무엇인지, 그리고 그런 장점을 앞으로도 계속 유지할 수 있는 방법 등에 관하여 생각한 결과, 아버지 A씨는 돈가스를 기름에 튀길 때의 타이밍을 꾸준히 연구해 왔으며 고객의 사랑을 한몸에 받아온 바삭거리는 맛이 '돈토미'의 장점이고 그런 상품을 만들어내는 능력이야말로 가장 큰 장점, 즉 모빌엔진이라 생각하고 있다는 사실이 밝혀졌다.

장남은 그것을 더 확실히 지켜보기 위해 아버지가 일하는 가게로 직접 나갔다. 그 결과 아버지가 단골손님과 자연스럽게 이야기를 나누는 과정에서 고객의 바람이나 감상에 귀기울이는 한편, 돈가스의 맛이나 가격을 매기는 방법 등 세밀한 부분에까지 최선을 다해 대응하는 것을 알게 되었다. 그리고 '돈토미'의 모빌엔진은 상품능력이기도 하지만 고객의 바람에 확실하고 성실하게 대응하는 주인의 태도도 포함된다는 사실을 인식할 수 있었다. 또한 '시장/고객'의 바람에 대응하는 태도는 앞으로도 유효하다는 판단을 내리게 되었다.

장남은 고객의 요망이나 고객층 등에 관하여 최선을 다해 정리해본 결과, 가게에 들어와 먹지 않고도 비교적 싼 가격으로 사 들고 가서 먹을 수 있는 돈가스가 있다면 고객의 또 다른 욕구를 충족시킬 수 있다는 판단을 내렸고, 즉시 돈가스 샌드위치를 판매하는 가게를 열기로 결단을 내렸다.

이러한 결단에 따라 기존의 햄버거 상점 같은 패스트푸드점의 시스템을 도입하여 문을 열자마자 뜻밖으로 큰 반응을 얻었다. 그 후 3년에 걸쳐 '돈토미'와 돈가스 샌드위치 상점은 잇따라 지점을 개설하면서 순조로운 성장을 보이고 있다.

위의 예는 자신이 지금까지 존재할 수 있었던 발판·장점·파워의 원천을 확실하게 간파하는 것으로, 지금까지와 다른 방향으로 발을 내디딜 때 또는 새로운 가능성에 도전할 때 결단을 이끌어내는 싱크포인트를 활용한 사례이다.

04 골(방향)을 설정한다

이런 식으로 디자이어(자신이 갖추어야 할 모습)와 모빌엔진(전략기동력, 즉 파워의 원천)을 간파하면 달성해야 할 목적, 즉 골의 방향이 그 모습을 드러낸다.

결단의 프로페셔널은 이 골을 평이한 말로 표현하는 데 매우 능숙하다. 즉 자신의 디자이어나 모빌엔진을 영상·음성화하여 이것을 한 장의 종이에 표현하는 기술을 가지고 있다는 말이다. 이것을 필자는 '원 시트 기술'이라 부른다.

결단의 프로페셔널은 이 기술 덕분에 행동을 처음 시작할 때나 다른 사람에게 지시를 내릴 때 자신감을 가지고 명쾌하면서도 간결하게 행동할 수 있다.

결단 프로세스를 익히다

| 무엇을 해야 할 것인가, 어느 부분을 노려야 하는가? |

골 · 목적

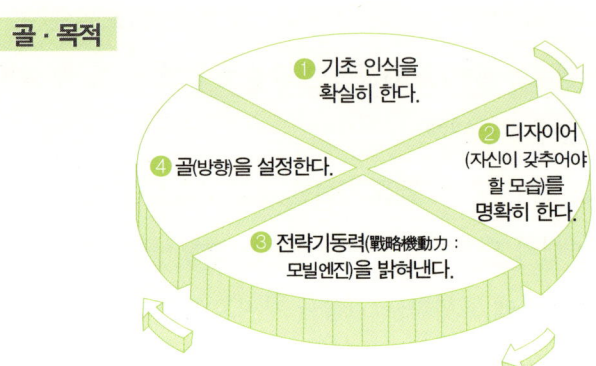

① 기초 인식을 확실히 한다.

② 디자이어(자신이 갖추어야 할 모습)를 명확히 한다.

③ 전략기동력(戰略機動力 : 모빌엔진)을 밝혀낸다.

④ 골(방향)을 설정한다.

효과적 질문(자문자답)

①
- 큰 기회가 될 수 있는 것은 무엇인가?
- 큰 결과를 낼 수 있는 것은 무엇인가?
- 주요 경쟁 상대, 경합 상대는 무엇인가?
- 새롭게 등장할 가능성이 있는 경쟁 상대, 경합 상대는 무엇인가?
- 지금까지 성공한 것은 무엇이고 실패한 것은 무엇인가?
- 독자성은 무엇인가?
- 최고의 장점은 무엇인가?

②
- 생각할 수 있는 이상적인 모습은 무엇인가?(가능하면 머리 속에 그 모습을 떠올려본다)
- 어느 정도의 규모, 수준, 품질이 바람직한가?

③
- 지금까지 발판이 되어 온 것은 무엇인가?
- 현재 내세울 수 있는 장점은 무엇인가?

④
- 골은 무엇인가?
- 기간은 어느 정도 잡아야 하는가?
- 모빌엔진은 현재의 상태로 만족할 수 있는가?
- 중점적인 대책은 무엇인가?
- 필요한 능력과 자금은?

제2장

전술 프로세스

결단의 프로페셔널이 항상 자기 자신에게 또는 다른 사람에게 던지는 질문이 있다.

- 무엇이 문제인가?
- 무엇 때문에 이런 결과가 나타났는가?
- 최선의 방책은 무엇인가?
- 장래에 문제는 없는가?
- 달성할 수 있는 목표인가?

이 질문은 우리가 비즈니스나 일상 생활에서 결단을 내릴 때 세우는 '전략' 다음의 과정, 즉 '전술'과 '실시'를 상징적으로 표현해주고 있다.

- 무엇이 문제인가?(전술) : 상황을 파악한 뒤 가장 먼저 취해야 할 행동을 명확히 한다.
- 무엇 때문에 이런 결과가 나타났는가?(전술) : 정확한 원인을 재빨리 파악한다.
- 최선의 방책은 무엇인가?(전술) : 취하기에 가장 적합한 안건이나 대책을 선택한다.
- 장래에 문제는 없는가?(전술) : 앞으로 발생할 수 있는 위험이나 기회를 최대한 간파한다.
- 달성할 수 있는 목표인가?(실시) : 한정된 자원을 최대한, 가장 빠른 속도로 활용하여 목적을 달성한다.

이 다섯 가지의 기본 프로세스와 각각을 구성하는 네 가지의 싱크포인트는 우리의 일상 생활과 깊은 관계가 있으므로 당장 활용할 수 있어야 한다. 그렇게 되면 언제 어느 순간에서든 질 높은 결단을 즉시 내릴 수 있다.

이번 장에서는 다섯 가지의 프로세스 중에서 전술 프로세스에 대하여 자세히 설명하기로 한다.

1) 상황 파악

"무엇이 문제인가?" (상황 파악)

일상 생활에서 여러 가지 문제가 발생하여 막연한 혼란에 빠지는 경우에는 해야 할 일의 중요성을 간파하는 것이 무엇보다 중요하다. 그 중에서 중요도가 큰 것을 추출하여 우선 순위가 높은 것부터 실행함으로써 확실한 결단을 내릴 수 있다.

　05　문제점을 열거한다.
　06　사실적인 정보를 중시한다.
　07　과제화(행동계획/액션플랜) 한다.
　08　우선 순위를 분명히 매긴다.

이 네 가지 싱크포인트가 전략 프로세스 중에서 '상황 파악' 프로세스를 구성한다. 이것은 상황을 재빨리 이해할 때 효과적인 프로세스이며 컨트롤이 가능한 상황을 창출해내기 위해서도 매우 중요한 프로세스라고 할 수 있다.

결단의 프로페셔널이 승자의 위치에 설 수 있는 이유는 이와 같은 상황 파악에 의해 가장 중요한 과제를 냉정하게 간파하는 능력이 뛰어나기 때문이다.

그렇다면 상황 파악 프로세스를 구성하는 네 가지 싱크포인트에 대해 설명해보기로 하자.

05 문제점을 열거한다

결단의 프로페셔널은 골과 관련된 다음과 같은 문제점을 철저하게 열거한다.

- 마음에 걸리는 문제는 무엇인가?
- 그냥 내버려둘 수 없는 문제는 무엇인가?
- 기회라고 여겨지는 문제는 무엇인가?
- 당장 대응해야 할 문제는 무엇인가?

이러한 문제점은 자신과 다른 사람을 대상으로 단순하고 명쾌한 질문을 던진 결과 이끌어낼 수 있는 것들이다.

여기서 말할 수 있는 점은 결단의 프로페셔널은 단순한 질문을 던지는 능력이 매우 뛰어나다는 것이다. 예를 들어 '문제는 무엇인가?'와 같은 막연한 질문에는 대답하기 어렵지만 '지금 현재 끌어안고 있는 구체적인 문제는 무엇인가?'라는 질문으로 전환하면 여러 가지 생각이 머리 속에 떠오르기 마련이다.

다른 사람이 무슨 생각을 하는지 이해하기는 매우 어렵다. 그러나 명쾌한 대답이 되돌아오면 그 사람의 생각을 이해하기 쉽다고 결단의 프로페셔널은 말한다. 명의가 문진(問診) 능력이 뛰어나듯 그들은 '질문을 하는 능력'이 뛰어난 것이다.

다른 사람의 머리 속이 시각화되면 지금까지의 지식, 경험을 바탕으로 문제의 핵심을 간파할 수 있다. 그리고 그 결과, 결단을 내릴 때의 빈틈이나 실수를 피할 수도 있다.

문제점을 열거한다는 것은 언뜻 시간 낭비처럼 느껴질 수도 있지만, 문제점을 철저하게 열거하는 것으로 뜻밖의 사항을 깨닫고 애매한 정보를 배제하여 부족한 정보를 보충할 수 있다.

구체적인 예 : 문제점을 덮지 않고 털어놓기

대기업 전기회사인 S사의 유능한 매니저인 H씨는 그룹 회의를 거의 열지 않는다. 그 대신 매주 월요일 아침에 그룹 멤버 8명을 10분 정도 자신의 책상 주위에 모이게 해서 각각 한 명씩, 1주일 동안 업무를 진행하는 과정에서 마음에 걸리는 문제점을 털어놓게 한다.

H씨는 입에 담기 쉬운 비판이나 설명을 요구하고 싶은 충동을 억누르고 멤버들이 털어놓는 문제점을 잠자코 종이에 기록, 각 멤버들이 한 차례 문제점을 털어놓은 뒤에는 깨끗하게 해산시킨다. 그리고 책상 위의 메모지에 기록한 문제점을 살펴보는 과정을 통해서 그룹의 중요한 문제가 무엇인지 간파한다.

만약 지금 당장 이해하기 어려운 문제가 있다면 개별적으로 확인 작업을 펼치고, 가장 중요하다고 여겨지는 문제에 관해서는 필요한

결단 프로세스를 익히다

대책을 강구하거나 보다 철저한 조사를 위해 멤버들에게 각각 지시를 내린다.

최근에는 다들 매우 바쁜 상황이기 때문에 모일 수 있는 기회가 줄어들어 문제점을 월요일 아침까지 이메일로 보내는 방식을 채택하고 있다.

06 사실적인 정보를 중시한다

결단의 프로페셔널은 문제점을 간파한 뒤 그것과 관련이 있는 '사실'을 철저하게 조사한다.

문제점은 어떤 사실을 포함하고 있는지 또는 어떤 사실 때문에 문제점이라고 생각하게 되었는지 깊이 음미해보는 것인데, 그런 경우 다른 사람의 의견이나 예측, 안건, 대책 등에는 의지하지 않는다. 어디까지나 사실에만 집중하는 것이다.

요즘 같은 네트워크 사회에서는 정보의 홍수 속에서 무엇이 사실인지 재빨리 선별하는 것이 결단에 있어서 매우 중요한 포인트가 된다.

결단의 프로페셔널은 사실을 근거로 자신의 지식이나 능력, 경험에 비추어 무엇을 할 수 있는지, 어떻게 해야 할 것인지 구체적으로 표현하려 한다. 그러나 결단을 내릴 수 없는 사람은 사실을 확실하게 간파할 수 없어 다른 사람의 의견이나 판단에 동조하는 것이 고작인데, 그런 경우에 자신의 의사는 전혀 반영되지 않는다. 이른바 부화뇌동을 하는 타입이다.

한편, 결단의 프로페셔널은 사람을 움직이고 조직을 움직이는 데 몰두한다. 대부분의 결단의 프로들은 이 점에 놀라울 정도의 공통점을 가지고 있다. 그들이 사람을 움직일 수 있는 이유는 구체적이면도 이해하기 쉬운 표현을 할 줄 알기 때문이다. 그리고 이해를 한 이후에는 즉시 행동한다. 이렇게 해서 사람과 조직을 움직일 수 있는 것이다.

07 과제화(행동계획/액션플랜) 한다

결단의 프로페셔널은 사실적인 정보로부터 과제를 이끌어내는 기술이 뛰어나다.

특히 그들은 사실을 다음과 같은 네 가지 과제로 전환한다.

- 바람직하지 못한 문제에는 반드시 원인이 있다.

  → 원인을 규명한다.
- 결정해야 할 문제에는 대책이 필요하다.

  → 대책을 마련한다.
- 하고 싶은 일에는 위험이 따른다.

  → 위험요소/기회를 생각한다.
- 알고 싶은 일에는 조사가 필요하다.

  → 부족한 정보를 조사한다.

특히 비즈니스 현장에서는 이런 과제를 규명하는 것이 매우 중요하다.

결단의 프로페셔널은 이렇게 과제화한 기술(스테이트먼트)을 갖추었기 때문에 사람이나 조직을 적절하게 활용함으로써 지체없이 무난하게 목적을 달성할 수 있는 것이다.

구체적인 예 : 사실적인 정보에서 과제 이끌어내기

A시는 F현의 서해안에 면한 인구 7만 9천 명의 도시로, 바다 쪽으로는 T열도가 한눈에 보여 경치가 매우 좋은 곳이다. 전통적으로 무풍선거(無風選擧)가 이어졌지만 지난번에 실시된 시장 선거에서는 지방분권, 행정의 투명성을 내건 신인 후보가 사람들의 예상을 뒤엎고 당선되었다.

시장 선거의 열기가 식지 않은 상황 속에서 A시에 부임해 있던 S씨는 F현 교육위원회로부터 시청의 기획조정 과장을 담당하라는 명령을 받았다. A시에 부임해 일하는 동안 중 · 고등 공립학교 설립을 기안하여 전국에서 가장 먼저 설립에 성공했다는 점에서 큰 보람을 느끼던 S씨지만 4년 만에 시청으로 돌아와 담당한 업무는 새로운 시장의 정책을 보좌하는 것이 주요 역할이었다. 모든 관점에서 시와 시민들의 장래에 도움이 될 수 있는 일인지 아닌지를 심사숙고해서 판단하는 것이 그의 업무였다.

당시 A시에서는 주요 기간산업인 철강산업과 그와 관련된 중소

기업에서 생산 정체 현상이 나타나고 있었다. 따라서 소재산업으로 치우친 산업구조의 개선과 기술의 고차원화 등이 당면과제라고 할 수 있었다.

또한 A시의 인구동향에서는 특히 생산연령 인구가 해마다 감소하는 추세를 보였고, 시를 둘러싼 사회·경제 정세의 변화에 대처하기 위해 생활환경의 정비, 산업의 진행, 사회복지의 충실 등도 요구되고 있었다.

그 밖에도 알 수 없는 원인 때문에 김 양식이 해마다 감소하는 등 당면과제는 헤아릴 수 없을 정도로 많았다. 새로운 시장은 이런 문제들 중에서 곧바로 착수해야 할 구체적인 과제에 관하여 조속히 기안서를 제출하라고 요구했다.

S씨는 시장의 슬로건인 '활력과 매력이 넘치는 고향을 위해 시민들이 직접 참가하는 마을 만들기'를 근거로 '바람직하지 못한 문제', '결정해야 할 문제', '하고 싶은 일', '알고 싶은 일' 등 네 가지의 관점에서 다음과 같은 세 가지 사항을 긴급과제로 결정했다.

- 생산연령 인구가 감소하는 원인을 규명한다.
- 시의 재정 건전화를 위해 가장 적합한 방안을 선정한다.
- 시민의 마을 만들기 초안을 위한 조사를 실시한다.

이와 같은 세 가지 사항을 시장에게 제출하자, 시장은 즉시 시의회에 S씨의 과제를 제안했다.

결단 프로세스를 익히다

08 우선 순위를 분명히 매긴다

결단의 프로페셔널은 이처럼 '사실'에서 자신이 취해야 할 과제를 판별하고 실행에 옮기는데, 그때 취해야 할 행위에 우선 순위를 매긴다. 따라서 한정된 시간, 예산, 사용할 수 있는 설비, 스페이스 등의 경영자원 중에서 가장 중요한 사항에만 초점을 맞추는 것이 절대적인 조건이다.

실행하기 쉽다는 이유로, 그리고 즉시 실행할 수 있다는 이유로 우선 순위를 매기는 섣부른 행동은 반드시 피해야 한다. 결단의 프로들은 이 우선 순위에 나름대로 확실한 기준을 가지고 있다는 것이 공통점이다.

그 기준은 다음의 세 가지이다.

- 지금 자신에게 가장 영향이 있는 것은 무엇인가?(중대성)
- 가장 빨리 처리해야 할 문제는 무엇인가?(긴급성)
- 장래에 큰 영향을 끼칠 문제는 무엇인가?(확대성)

이것들을 이용하여 즉시 평가를 내리고 가장 중요도가 높은 것을 부각시키면 앞으로 해야 할 일, 전달해야 할 액션을 객관적으로 냉정하게 바라볼 수 있다. 가장 중요한 문제가 확실하게 모습을 드러내면 한정된 자원(사람·물건·돈·정보 등)을 주저하지 않고 집중적으로 투입할 수 있는 것이다.

| 무엇이 문제인가? |

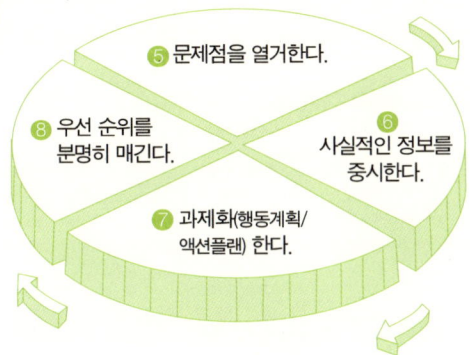

효과적 질문(자문자답)

⑤
- 마음에 걸리는 문제는 무엇인가?
- 그냥 내버려둘 수 없는 문제는 무엇인가?
- 기회라고 여겨지는 문제는 무엇인가?
- 당장 대응해야 할 문제는 무엇인가?

⑥
- 구체적으로 어떤 문제인가?
- 어떤 조직/사람과 관련된 문제인가?
- 어떤 기능/역할과 관련된 문제인가?
- 어느 시점의 문제인가?
- 구체적으로 어떤 경위/경과/징후가 나타나고 있는가?

⑦
- 바람직하지 못한 문제는 무엇인가?
- 결정해야 할 문제는 무엇인가?
- 하고 싶은 일은 무엇인가?
- 알고 싶은 일은 무엇인가?

⑧
- 사람/물건/돈에 어떤 영향이 있는가?
- 얼마나 서두르고 있는가?
- 장래에 어떤 영향을 끼칠 것인가?

결단에 있어서 중대한 실수를 저지르는 대부분의 원인은 필요한 정보를 취하는 것을 귀찮아하거나 현재 보유한 정보에 선입관을 가지고 그것을 중요 과제로 오판, 우선 순위를 잘못 매겨서 실행하기 때문에 발생하는 것이다.

2) 원인 규명

"왜 그렇게 되었는가?"(원인 규명)

일을 실행하다 보면 뜻대로 진행되지 않는 경우가 많다. 누구나 목표를 달성하고 싶어하지만 바람직하지 못한 상황에 빠지거나 순식간에 사태가 악화되는 경우를 종종 볼 수 있다.

바람직하지 못한 상황이 발생하는 데는 반드시 원인이 있다. 특히 비즈니스 업계에서는 원인을 밝히는 노력을 게을리한 탓에 사라져 버리는 조직의 예를 얼마든지 들 수 있다.

하지만 원인을 밝히는 싱크포인트를 활용하여 진정한 원인을 누구보다 빨리 파악한다면 대책을 확실하게 세워 결단을 내릴 수 있다. 즉 바람직하지 못한 현상이 발생하더라도 결단의 프로페셔널은 다음과 같은 네 가지 싱크포인트를 잊지 말아야 한다.

09 차이를 명확히 한다.
10 정보를 재빨리 정리한다.

11 정보의 품질을 확인한다.

12 가정한 원인을 정보로 검증한다.

09 차이를 명확히 한다

바람직하지 못한 상황에 빠지면 일단 과거의 경험에 비추어 비슷한 문제를 찾아내고 비슷한 경험을 참고로 결단을 내리게 된다. 우리는 경험이야말로 가장 정확하다고 믿는 나쁜 버릇을 가지고 있다.

그러나 결단의 프로페셔널은 문제의 실태를 확실하게 파악한다. 즉 '장래에 갖추어야 할 모습'과 '현실적인 모습'을 비교하여 그 사이에 존재하는 차이에 주목하는 것이다. 그 결과 문제의 여지가 있다고 판단되면 범위를 한정하여 '바람직하지 못한 현상'의 원인을 압축해간다. 선입관이나 과거의 경험으로부터 원인이나 요인을 이끌어내는 섣부른 행동은 하지 않는 것이다.

결단의 프로페셔널이 자신이나 다른 사람을 향해 이구동성으로 '어째서(WHY)?'를 연발하는 이유도 차이를 명확하게 하기 위해서이다. '장래에 갖추어야 할 모습'과 '현실적인 모습'의 차이를 확실히 하고 거기에 집중하여 정보를 정리하면 바람직하지 못한 현상이 나타나는 이유를 제대로 파악할 수 있다는 사실을 그들은 잘 알기 때문이다.

10 정보를 재빨리 정리한다

결단의 프로페셔널은 머리 속으로 빈틈없이 정보를 정리하고 자기 자신에게 날카로운 질문을 되풀이하는 과정을 통해서 머리 속의 정보를 영상화하여 필요한 정보를 정리한다. 즉 결단 그 자체를 머리 속에 영상화하는 것이 그들의 특기인 셈이다.

머리 속의 포맷에는 스크린이 있다. 정보 정리나 사고 같은 과정을 모두 그 스크린에 비추어 봄으로써 빈틈이나 실수를 배제한 뒤 자신감을 가지고 결단을 내릴 수 있는 것이다.

- 현실적으로 발생한 문제(발생의 포맷)
- 발생해도 괜찮은 일이지만 발생하지 않은 문제(미발생의 포맷)

이 두 가지가 서로 대립한 시점에서 다음 네 가지 영역에 사실적인 정보를 적용시킬 수 있다.

- 무엇이/누가(WHAT or WHO)
- 어디에서(WHERE)
- 언제(WHEN)
- 어느 정도(HOW)

여기서 부족한 정보는 즉시 질문을 되풀이하는 것으로 보완한다. 이렇게 해서 충분한 정보가 정리되고 확보되는데, 특히 주목해야 할 점은 정보를 정리함으로써 '발생해도 괜찮은 일이지만 발생하지 않은 문제'를 밝혀내어 '현실적으로 발생한 문제'를 명확하게 부각시킨다는 점이다.

일반적으로 우리는 가장 먼저 얻는 정보를 음미하기는 해도 일의 중대함을 깨닫지 못하는 경우가 많다. 그런 경우 보다 세련된 포맷에 의해 정보의 내용을 압축시켜 정말 필요한 정보를 얻을 수 있도록 시각화해야 한다.

정보 정리를 머리 속으로 재빨리 실행할 수 있으면 누구나 날카로운 질문을 던질 만한 능력을 갖추게 되고, 그럼으로써 결단의 프로페셔널을 향하여 확실하게 한 걸음 더 다가갈 수 있을 것이다.

결단의 프로페셔널은 정보를 수집하여 자신이 원하는 정보인지 확인하고 그 정보에 근거하여 생각함으로써 결단에 이르기까지 모든 스테이지에서 적절하게 생각하는 기술을 갖추고 있다. 우리도 그 기술을 의식하면서 익숙하게 실행할 수 있다면 쉽게 결단을 내릴 수 있을 것이다.

구체적인 예 : 머리 속의 정보를 재빨리 구체화시키기

정보 정리를 빨리 실행하는 것으로 절체절명의 위기를 벗어난 예가 있다. 즉 '아폴로 계획'이라는, 세계 최초로 시도한 미국의 달 착륙 유인비행 계획에서 발생한 사건이다.

결단 프로세스를 익히다

아폴로 13호가 지구에서 발사되어 56시간 2분이 경과했을 때의 일이다. 지구에서 33만 킬로미터를 벗어나 순조로운 비행을 하고 있던 그때, 텍사스 주 휴스턴 근처에 위치한 유인우주비행센터 옥상의 관측대에서 아폴로 13호를 추적하던 몇 명의 기술자가 작은 섬광을 목격했다.

그때 아폴로 13호의 비행사는 폭발음을 듣고 가벼운 진동을 느꼈다. 전기 계통의 전압 저하 때문에 산소 탱크의 압력이 급속도로 떨어진 것이다.

산소는 우주선의 전력과 생명유지 시스템을 담당한다. 즉 산소가 떨어지면 연료전지가 고장나 에너지원이 끊어지게 되는데, 그것은 동시에 물이 공급되지 않는 상황이 발생한다는 의미도 된다. 산소가 없고 물이 없고 에너지가 없을 경우, 비행사들은 생명을 유지할 수 없다.

더구나 그곳은 지구에서 멀리 떨어진 우주 공간이었다. 우주선 밖은 진공상태인 데다가 기온도 영하 100°C 이하인 초저온 공간이어서 상황은 최악이었다.

여기서 기사회생의 결단이 내려졌다.

우주비행사와 휴스턴 관제센터의 기술자는 필요한 정보를 모았고(정보를 모은다 해도 별 도움은 될 수 없었지만), 돌발상황임에도 불구하고 침착한 태도로 '발생/미발생'의 포맷에 따라 재빨리 상황을 정리했다. 그 덕분에 이상이 발생한 원인(아폴로 13호의 에너지원인

산소 탱크의 파열)이 놀라울 정도로 신속하게 판명되었다.

　비록 달에 착륙하려는 목적은 성사시키지 못했지만 비행사들은 무사히 지구로 돌아올 수 있었다. 이 사건에 의해 정보 정리를 재빨리 실시하는 포맷을 공유, 원인을 발견하여 결단을 내린 성과가 있었다는 점을 미국항공우주국(NASA)은 기록에 남겼다.

현실적으로 발생한 문제(발생)		발생해도 괜찮은 일이지만 발생하지 않은 문제(미발생)
배전판의 급격한 전압 저하	무엇이	데이터 송신 시스템의 가동
지원선(支援船)	어디에서	달착륙선/사령선(아폴로 13호는 세 개의 우주선이 연결되어 있었음)
교반 스위치를 누른 직후	언제	교반 스위치를 누르기 전
급격하게	어느 정도	서서히

결단 프로세스를 약히다

11 정보의 품질을 확인한다

결단의 프로페셔널은 '현실적으로 발생한 문제'가 '발생해도 괜찮은 일이지만 발생하지 않은 문제'와 비교하여 어떤 특징이 있는지 밝혀낸다.

쌍둥이인 A군과 B군 중에서 A군은 공부를 매우 좋아하고 B군은 공부를 별로 좋아하지 않는 것처럼, 언뜻 보아 비슷하지만 한쪽에서는 발생하고 다른 한쪽에서는 발생하지 않는 문제가 있을 수 있다. 그 이유는 각각 고유한 특징 또는 특이점 때문이다.

일반적으로 우리는 머리 속에 들어오는 정보 자체를 그대로 받아들여 정보가 곧 정답이라는 식으로 생각하기 쉽지만, 결단의 프로페셔널은 정보의 '특징', '특이점' 그리고 '변화'를 순간적으로 확인하여 정보의 품질을 파헤치려 한다. 그리고 정보의 '특징', '특이점'이 어떤 식으로 변화하는가 하는 데도 주목한다.(변화점) 이것이 문제의 요인이나 일이 바람직한 방향으로 풀리지 않을 경우에 원인을 이끌어내는 포인트가 된다.

또한 우리는 일이 바람직한 방향으로 풀려나가지 않을 경우 가장 먼저 머리 속에 떠오르는 원인을 찾아내려 하지만 결단의 프로페셔널은 정보를 재빨리 정리하여 정보의 특징, 특이점, 변화를 분석한 다음에야 비로소 원인을 생각하는 프로세스를 거친다. 문제의 원인은 바로 그런 특징, 특이점, 변화에 깃들여 있기 때문이다.

1 2 　가정한 원인을 정보로 검증한다

　　결단의 프로페셔널은 가정한 원인이 '현실적으로 발생한 문제' 와 '발생해도 괜찮은 일이지만 발생하지 않은 문제'의 사실적인 정보에 비추어 설명할 수 있는지 없는지를 기준으로 하여 검증해 간다. 즉 사실적인 정보에 입각하여 문제의 원인이나 일이 바람직 한 방향으로 풀리지 않는 원인을 규명하는 것이다. 결단의 프로페 셔널이 그렇게 빠른 속도로 확실하게 실증할 수 있는 이유는 머리 속에 스크린을 가지고 있기 때문이다.

　　우리는 발생하기 쉬운 원인에만 집착하는 경향이 있어 만약 그 것이 원인이 아닐 경우에는 치명적인 타격을 받아 진퇴양난에 빠 지는 수가 많다. 그러나 복잡하게 얽힌 수많은 정보에서 핵심이 되는 정보만을 이끌어내어 그 정보를 바탕으로 원인이나 대책을 파헤치지 않고서는 올바른 결단에 이르기 어렵다.

　　프로세스를 활용한다는 것은 그릇된 결론을 내린다거나 무엇을 목적으로 논의하는 것인지 알 수 없을 때 또는 특정 정보에 매달 려 본질에서 벗어나는 이른바 '사고의 함정'에 빠질 수도 있는 위 험에서 멀어지는 현명한 방법이다.

원인 규명

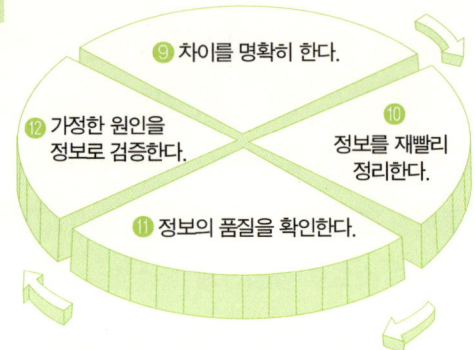

⑨ 차이를 명확히 한다.

⑫ 가정한 원인을
정보로 검증한다.

⑩ 정보를 재빨리
정리한다.

⑪ 정보의 품질을 확인한다.

효과적 질문(자문자답)

⑨
• 어디에 문제가 발생했는가?
• 왜 발생했는가?
• 어떤 문제가 발생했는가?

⑩
• 발생한 문제의 구체적인 결함/장소/일시/수량/경향은?
• 발생한 문제/발생할 듯하면서 발생하지 않은 문제는 무엇인가?

⑪
• 발생한 정보의 특징은 미발생 정보와 비교할 때 어떤 것인가?
• 만약 특징에 변화가 있다면 어떤 것인가?

⑫
• 특징/변화에서 구체적인 원인으로는 무엇을 생각할 수 있는가?
• 그 원인은 발생/미발생에 대해 설명할 수 있는 것인가?

3) 선택 결정

"최선책은 무엇인가?"(선택 결정)

비즈니스 현장에서는 끊임없이 일을 처리해야 한다. 게다가 그때그때 결단을 내리지 않으면 일을 처리할 수 없으므로 단순노동과는 질이 다르다. 그러나 대부분의 경우 상사의 지시나 전례에 따라 결단을 내리는 식으로, 그럭저럭 처리해 나가는 것이 일반적인 관행이다.

한편, 결단의 프로페셔널은 결단의 목적을 숙지한 상태에서 목표, 조건을 재빨리 이끌어내어 그것을 힌트로 선택의 여지를 어렵지 않게 부각시킨다. 그렇게 하면 선택을 하는 작업이 쉬워지기 때문이다. 그 중에서 최선책이 밝혀지면 위험요소를 확실하게 간파한 상태에서 자신감을 가지고 결단을 내릴 수 있다.

선택 결정에서의 싱크포인트는 다음 네 가지이다.

13 안건, 선택의 목적을 명확히 한다.

14 목표나 조건을 열거하고 평가한다.

15 복수의 안건을 생각한다.

16 위험요소를 생각한다.

이와 같은 선택 결정 프로세스를 갖춘 결단의 프로페셔널은 결

결단 프로세스를 익히다

단 능력뿐 아니라 탁월한 설득력도 가지고 있다. 그 이유는 최선책에 이르는 결단의 시스템이 체계적으로 이루어져 있어 그 시스템에 따라 취지를 전달할 수 있고 다른 사람도 이해하기 쉽기 때문이다.

13 안건, 선택의 목적을 명확히 한다

다수의 안건을 생각하고 거기서 어떤 것을 최선의 안건으로 판단하느냐 하는 것이 결단의 분기점이 된다.

즉 결단을 내리려면 선택의 여지를 가능한 많이 열거하기 위해 자신이 가진 에너지와 노력을 기울여야 한다. 수많은 선택의 여지를 갖는 것이 올바른 결단을 내릴 수 있는 바탕이 되기 때문이다.

우선, 안건을 생각하는 데 있어서 '무엇 때문에' 그런 생각을 하는지 그 목적을 명확히 하는 것이 중요하다. '무엇 때문에'에 대답할 수 없다면 목적이 확실하게 부각되지 않으므로 표적에서 벗어난 아이디어 등 내용이 없는 비현실적인 안건이 나올 가능성이 높다. 또한 다른 곳에서 그렇게 하고 있으니까, 전에 그렇게 한 적이 있으니까 하는 식으로 타성에 젖어 안건을 만들어낼 수밖에 없다.

안건의 목적을 명확히 한다는 것은 매우 힘든 작업이다. 그 이유는 사람들 대부분이 복수의 문제를 단번에 해결할 수 있는 안건만을 생각하려 하기 때문이다. 그럴 경우 지금 왜 새로운 안건을 생각하고 있는지 그 이유조차 헷갈릴 가능성이 매우 높아진다. 하지만 자기 자신을 향하여 '무엇 때문에'라는 질문을 되풀이해서 던지는 것만으로도 안건을 만들 때의 창조성은 충분히 자극된다.

14 목표나 조건을 열거하고 평가한다

안건을 만들 때 필요한 협력이나 동의, 자원 그리고 그 결과로서 어느 정도의 성과를 얻을 수 있는지 확실하게 밝혀내어 생각하면 창조적인 안건을 도출해내기 쉽다. 즉 '무엇 때문에'(안건을 만드는 목적)를 명확히 하고 '기대 성과'(이런 결과를 만들고 싶다 또는 이런 결과가 나와야 한다)와 투입할 수 있는 '자원'(사람, 물건, 돈, 설비, 재료, 기술, 시간 등)의 두 가지 측면에서 가능하면 많은 목표와 조건을 제시하는 것이다.

이런 사고방식은 사람이 가지고 있는 지식이나 경험이라는 '내부적 자산'을 자극하여 창조적 아이디어를 이끌어내는 계기를 제공해주는 역할도 한다.

이렇게 해서 '목표/조건'을 명확하게 한 다음에 이것들을 '절대적'과 '희망적'이라는 관점에서 '절대 목표/조건', '희망 목표/조건'의 두 가지로 분류한다. 이 중에서 '절대적'이란 다음의 세 가지 조건을 만족시켜야 한다.

• 필수적인 것

- 계량/판정할 수 있는 것

- 현실적인 것

이 조건을 하나라도 충족시키지 못하면 '희망적'이 된다.

'절대적', '희망적'으로 분류하는 것은 '목표/조건'을 보다 확실한 것으로 인식하기 위해 필요한 작업이기도 하다.

15 복수의 안건을 생각한다

결단의 프로페셔널은 복수의 안건을 만들기 위해 노력을 아끼지 않으며 안건이 특정 요인에 영향을 받아 무의미해지는 것을 매우 기피한다. 그 이유는 기성 개념을 초월하여 새로운 가능성이 있는 안건을 만들고 싶다는 희망을 가지고 있고, 그쪽이 훨씬 더 '보수'가 많다는 사실도 잘 알기 때문이다.

그렇다고 해서 안건을 만드는 것이 예상 외로 간단한 문제는 아니다. 새로운 안건을 창출해내는 일은 결단의 프로페셔널에게도 결코 쉬운 작업이 아니다.

결단의 프로페셔널에게 공통되는 특징은 '목표/조건'에서 각각 하나씩 안건을 생각하고 그것들을 그룹화하면서 '안건 만들기'를 실행한다는 점이다. 적어도 그렇게 함으로써 현실적인 안건이나 이상적인 안건, 그리고 절충안 등 복수의 안건을 만들어 낼 수 있다.

복수의 안건이 만들어지면 '절대 목표/조건', '희망 목표/조건'을 기준 삼아 빠른 속도로 상대평가를 할 수 있다. 물론 이때의 안건이 반드시 최선의 안건이라고 섣불리 결론을 내리지 않는 것도 결단의 프로페셔널의 특징이다. 다만 매우 유력한 안건 정도로 생각할 뿐이다.

구체적인 예 : 여러 가지 안건에서 최선의 것을 선택하기

대기업에서 중소기업, 영세기업에 이르기까지 꽤 많은 기업이 모여 있는 식품업계는 사회의 전반적인 흐름에 큰 관련이 있고 또한 그 영향을 받기도 한다. 따라서 생산자의 입장에서 보면 사회 전반의 동향을 주의 깊게 관찰해야 하고 아무리 사소한 변화라 해도 절대 놓칠 수 없다. 왜냐하면 상품개발의 결단은 즉시 수치에 반영되고 눈 깜짝할 사이 회사의 수익에 막대한 영향을 끼치기 때문이다.

S씨는 식품회사 중에서도 대기업에 속하는 H식품의 연구소 소장이다. 그는 원래 기술자 출신으로 생산라인의 효율화를 담당했는데, 어느 순간부터 연구소 소장이라는 자리에 앉게 되었다. 그러나 정작 본인은 현장에서 좀더 일하고 싶어한다.

S씨는 현재 연구소 멤버 80명의 인사관리를 비롯, 매니지먼트 전반을 총괄하고 있다. 특히 그가 하는 일은 연구원들의 손을 빌려 효과적인 상품개발의 목표를 달성하는 것이다.

이러한 일을 하는 S씨가 가장 많은 신경을 써야 하는 부분은 역시 사람이다.

"연구원들의 실적이 기대에 미치지 못한다."

지난 몇 년 동안 즉석식품 시장이 대폭으로 확대되어 온 상황에서 H사의 시장점유율은 연일 계속해서 떨어졌다.

신상품의 개발은 지금까지 각 그룹의 리더에게 맡겨졌다. 리더를 포함한 전원이 참여하는 개발 미팅에서 각 연구원들이 개발한 신상품을 평가하여 최종적으로 리더가 결단을 내리는 것이다.

그러나 지금까지와 같은 방식을 계속 유지하기는 어렵다고 판단한 S씨는 즉석식품 그룹을 모아 개발 미팅을 개최했다. 그 결과 연구원 11명이 담당하는 연구대상 상품이 2천 가지가 넘는다는 사실을 발견했다. 게다가 2천 가지가 넘는 상품 중에서 놀랍게도 약 90퍼센트가 중복되어 있었다.

연구원은 누구나 자신이 개발한 상품이야말로 가장 우수하다는 확신을 가지고 있다. 이것은 연구원들의 일반적인 특징이기도 하지만 90퍼센트나 중복된다면 회사측 손실이 너무 크다.

개발 안건이 좀처럼 도출되지 않을 때는 우선 목표/조건의 세분화를 도모해야 한다. 그리고 나서 기능·자원·기술·목적 등을 기준으로 멤버 전원이 그룹을 이루어 구체적인 안건을 열거하고, 그 안건에 대한 평가를 되풀이하는 과정을 거쳐 실현 가능한 안건을 도출해야 한다.

S씨는 개발 그룹에서 제안한 지금까지의 안건을 일단 백지화시키

고 이 방법을 실시하도록 명령을 내렸다. 그리고 유력한 개발 아이템을 70가지 정도로 압축시켰다. 그러고 나서 연구원들을 70가지 아이템에 집중 투입시키는 결단을 내린 결과, H식품에서는 잇따라 히트 상품을 내놓게 되었다.

16 위험요소를 생각한다

결단의 프로페셔널은 바람직하고 유력한 안건일수록 냉정하게, 그리고 가능하면 객관적으로 분석하려 한다. 그 안건을 실제로 채용하는 경우 발생할 수 있는 모든 위험요소를 가정하여 생각해 보는 것이다. 그리고 바람직하지 못한 상황이 발생할 가능성과 그런 상황이 발생했을 경우의 안건에 대한 영향이 어느 정도인지 평가한다.

발생할 가능성이 높아도 나쁜 영향이 적은 경우가 있고 그 반대인 경우도 있다. 가장 바람직하지 못한 경우는 발생할 가능성이 높으면서 영향이 비교적 커서 웬만큼 손을 쓰는 정도로는 막을 수 없다고 예측되는 것, 이른바 위험요소가 생겼을 때이다.

사람들은 위험요소라는 단어를 예사로이 사용하지만 '위험요소가 무엇인가?' 하는 질문을 던지면 단순히 허점이 많은 것 정도로 추상적인 대답을 할 때가 많다. 위험요소를 보다 구체적 · 사실적으로 가정하여 그것이 발생할 가능성, 발생했을 경우의 중대성을 확실하게 인식하는 것이 위험요소 관리의 본래 의미라 할 수 있다.

결단의 프로페셔널은 이러한 위험요소를 신중하고 확실하게 밝히기 위해 집착하는데, 위험요소를 밝힘으로써 유력한 안건을 개선하고 개량할 수 있다는 사실을 잘 알기 때문이다.

유력한 안건을 가지고 있다 해도 갑작스런 환경 변화로 인해 뜻밖의 결과가 나올 가능성은 충분히 있다. 그런 경우에는 위험요소를 줄이는 것이 갑작스런 변화에 대응할 수 있는 포인트가 된다. 특히 위험요소를 초월하는 안건의 개선, 개량에 노력하는 것이 보다 바람직한 안건으로 바꿀 수 있는 길이다.

일반적으로 안건이나 대책을 생각하는 경우 장래의 '평가'를 주축으로 삼는 사람이 많지만, '기준'을 확실히 정하지 않은 채 평가만을 앞세우면 결단이 잘못 내려진 경우에 그 원인을 이해할 수 없다. 그러나 결단을 내리는 목적을 명확히 하면 기준 자체가 부각된다. 기준이 무엇인지 명확해지면 가지고 있는 지식, 경험을 자극하여 아이디어도 나오게 되는 것이다. 결단의 프로페셔널이 아이디어맨으로 불리는 이유가 바로 여기 있다.

구체적인 예 : 위험요소를 확실히 인식하여 대처하기

도쿄에 인접한 K시는 예로부터 중공업지역으로 널리 알려진 도시이다. 최근 들어서는 북서부가 '일본의 실리콘밸리'로 불리게 되면서 수많은 정보 관련 기업이나 소프트웨어 관련 기업, 연구시설이 증가하고 있다. 이런 움직임과 함께 인구 또한 급격하게 증가하는 실정이다.

T가스의 K지점에서는 새로운 고객을 위한 서비스를 담당하는 영업소를 시의 북서부에 하나 더 설치해야 할 필요성을 느꼈다. 영업서비스, 배관의 보안과 보수, 그리고 긴급한 사태에 대비하여 차량과 공구 등을 확보하기 위한 영업기지가 필요했기 때문이다.

새로운 설비작업을 담당하게 된 사람은 T가스 K지점의 기획조정과장인 M씨로, 그는 즉시 용지 선정 작업에 착수했다. 지금까지도 새로운 영업기지는 도시화에 발맞추어 순차적으로 설치되어 왔기 때문에 그다지 어려운 문제는 아니라고 여겼다.

그러나 막상 검토해 보니 상상 이상으로 어려운 문제라는 사실이 드러났다. 이는 M과장이 위험요소를 생각하는 과정에서 판명된 것이다.

우선, 영업기지에 관한 문제이다. 작업차량 등 차량의 주차 공간, 40명을 넘는 서비스 요원용 사무실, 다량의 기기와 작업설비 보관 공간 등 최저 3천 평방미터의 토지를 확보해야 한다는 이유에서 이용 가능한 토지가 세 곳으로 압축되었지만 원하는 넓이에는 못 미쳤다. 북서부에는 충분한 공간이 없었기 때문이다. 게다가 지금까지는 영업기지를 구입하는 데 들어간 경비가 3억 엔을 넘지 않았지만 K시의 후보지역은 그 금액을 훨씬 초과했다. 즉 세 군데 모두 일반적으로 투입되는 비용의 두 배가 넘는 경비가 들어간다는 사실이 판명된 것이다.

결단 프로세스를 익히다

또한 가장 적합하다고 여겨지는 토지 주위에는 주택지가 있어 반대운동을 예상해야 했다. 그래서 주민대책을 위해 대폭적인 보상비를 토지 비용에 더한 결과, 10억 엔이라는 파격적인 견적이 나왔다.

한편 M과장은 영업소의 새로운 설치를 단념하는 경우의 위험요소도 생각해 보았다. 가스 배관의 빠른 확대는 기존의 영업기지를 바탕으로 한 대응으로는 도저히 따라잡을 수 없었다. 이대로 우물거리다 보면 북서부 전체의 발전에 대한 영향, K지점의 업무처리 중지, 사고 발생에 제대로 대응할 수 없다는 위험요소들을 구체적으로 예상할 수 있게 된 것이다. 평소에 결단이 빠르고 정확하기로 유명한 M과장은 본사와 협의를 할 때 이런 위험요소들을 제시했다.

영업소 설치 및 설치하지 않을 때의 위험요소를 비교 검토한 T가스의 경영자는 처음에 예상한 토지 비용의 세 배가 넘는 지출에도 불구하고 신속하게 토지를 구입한다는 결단을 내렸다.

| 최선책은 무엇인가? |

선택 결정

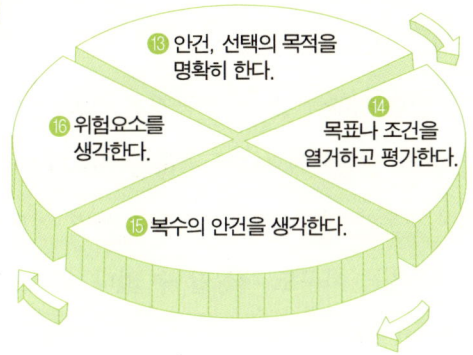

⑬ 안건, 선택의 목적을 명확히 한다.

⑭ 목표나 조건을 열거하고 평가한다.

⑮ 복수의 안건을 생각한다.

⑯ 위험요소를 생각한다.

효과적 질문(자문자답)

⑬
- 무엇 때문에 선택하는가?
- 무엇을 결정하려는 것인가?

⑭
- 기대하는 것/투입할 수 있는 것(목표/조건)은 구체적으로 무엇인가?
- 필수적인 것/바라는 것(목표/조건)은 구체적으로 무엇인가?

⑮
- 구체적인 목표/조건과 관련이 있는 안건으로는 어떤 것이 있는가?
- 이상적인 안건, 현실적인 안건, 그리고 절충안은 무엇인가?

⑯
- 원하는 안건을 실행에 옮긴다면 구체적으로 어떤 위험요소가 발생할 것인가?
- 위험요소가 실제로 발생할 경우 어느 정도의 영향이 있는가?
- 위험요소가 발생하지 않도록 하려면 안건을 어떤 식으로 개선해야 하는가?

결단 프로세스를 익히다

4) 장래 분석

"장래에 문제는 없는가?"(장래 분석)

우리는 어떤 일을 실행에 옮길 때 규정된 방침이니까 또는 지금까지 별일 없이 잘 진행되었으니까 괜찮을 것이라는 식으로 안일하게 생각하는 경우가 많다. 또한 앞으로 어떤 식으로 진행되고 어떤 결과가 나올지는 아무도 예상할 수 없다는 식으로 처음부터 포기하고 들어가기 쉽다.

한편, 결단의 프로페셔널은 장래에 발생할지도 모르는 나쁜 결과(위험요소)나 예상한 것 이상으로 좋은 결과를 낳았을 경우(기회)에 대비하여 지금 무엇을 해야 할 것인지 결단을 내리는 방법을 잘 알고 있다.

기업이나 관청 등의 조직에서는 눈앞의 문제와 어느 정도 관련이 있는가에 초점이 맞추어지기 쉽기 때문에 장래의 위기나 재난을 회피하는 것이 오히려 당연한 듯이 받아들여져 올바른 평가를 내리지 못하는 경우가 많다.

결단의 프로페셔널은 다음과 같은 네 가지 싱크포인트를 프로세스로서 확실하게 응용하여 장래를 전망하는 주도면밀한 자세를 갖추었기 때문에 존경을 한몸에 받고 있다.

17 달성해야 할 포인트를 결정한다.

18 중대한 영역을 체크한다.

19 위험요소와 기회를 정리한다.

20 대책에는 사전대책과 사후대책이 있다.

이것은 불확실한 장래를 조금이라도 컨트롤이 가능한 기회로 만들기 위한 의지의 표현이라고 말할 수 있다.

17 달성해야 할 포인트를 결정한다

평범한 사람들은 무슨 일을 진행할 경우에 앞일은 예측할 수 없다거나 장래는 읽을 수 없다면서 쉽게 포기해 버리는 경우가 많다. 다들 모든 일이 순조롭게 진행되기를 바라지만 그것은 매우 어려운 일이며 어느 누구도 일의 진행을 마음대로 조절할 수 없다고 생각한다. 따라서 굳이 예상 따위를 할 필요가 없으며 발생할 일은 어차피 발생하니까 결단은 뒤로 미루자, 나중에 어떻게 되겠지 하는 식으로 끝없이 결단을 미룬다.

하지만 결단의 프로페셔널은 가능하면 미래(장래)를 인식하기 위해 강한 집착을 보인다. 그렇다고 마치 꿈꾸는 것처럼 장래를 머리 속에 그리는 것이 아니라 현실적인 관점에서 장래에 달성할 수 있는 착지(着地)포인트를 밝히려 애쓴다는 말이다.

그런 경우 다음과 같은 네 가지 질문이 착지포인트에 도달하는 키워드를 이끌어낸다.

- 언제까지
- 무엇을
- 어느 정도
- 어떻게 한다

결단의 프로페셔널은 장래에 무엇을 달성할 것인지 명확하게 밝힘으로써 '어떻게 되겠지' 하는 애매한 사고방식을 배제한다. 그리고 가능하면 미리미리 대책을 준비하려고 노력한다. 위험을 두려워한 나머지 우유부단하고 보수적인 태도를 보임으로써 아무런 결단도 내리지 못하고 일이 진행되는 상황에 맹목적으로 맡겨버리는 그릇된 태도를 회피하는 것이다.

18 중대한 영역을 체크한다

결단의 프로페셔널은 장래에 위험도가 높은 영역, 즉 중대영역을 체크한다. 중대영역이란 한 마디로 표현하면 막대한 맨 파워를 필요로 하는 영역이라고 말할 수 있다.

중대영역을 체크하는 행위는 일상적인 루틴워크(다른 영역)와 결단이 필요한 중대영역을 명확히 구분하는 것이기도 하며 합리적인 시간활용과도 연결된다.

또한 중대영역을 체크하는 것 자체가 결단에 신경을 집중하는 행위이다. 책임이나 새로운 시도, 비용, 시간, 맨 파워 등 어떤 것이 중대한지 확실하게 밝히는 것으로 지금까지 경험하지 못한 세계에서도 다른 사람이 가지고 있는 경험이나 지식, 아이디어를 이끌어낼 수 있다.

한편, 다른 사람으로부터 경험이나 지식, 아이디어 등을 이끌어내고 싶을 때 일단 질문을 던지는 것으로 상대를 현혹시키는 사람을 볼 수 있는데, 결단의 프로페셔널은 한정된 영역에서 구체적으로 요점만 질문하면 쉽게 대답을 들을 수 있다는 사실을 잘 알고 있다. 그리고 가능한 한 머리 속으로 영역을 축소시키면 질문도 산뜻하게 축소된다는 사실 또한 알고 있다. 다시 말해 결단의 프로페셔널은 다른 사람의 경험·지식·아이디어를 이끌어내기 위한 질문에 능숙한 사람을 의미한다.

19 위험요소와 기회를 정리한다

중대영역이 명확하게 한정되면 다음 순서로 장래에 발생할 수 있는 '바람직하지 못한 사태'(위험요소)와 '바람직한 사태'(기회)를 빈틈없이 생각해야 한다.

우리는 '바람직하지 못한 사태'가 발생하면 금세 당황하고 머뭇거리게 된다. 그러는 동안에 위험요소가 증가, 기회를 놓쳐 버리는 경우가 허다하다.

결단의 프로페셔널은 장래에 '위험요소/기회'가 발생하게 될 원인까지 포함하여 보다 구체적으로 생각하며, 혼자서 예상할 수 없는 경우에는 경험자와 적극적으로 상담하거나 전문가를 취재하는 등의 방법으로 대책을 강구한다. 그리고 '위험요소/기회'를 발생확률과 중대성의 두 가지 측면에서 평가하여 크기를 확실하게 정리한다.

결단의 프로페셔널은 항상 머리 속으로 이런 정리작업을 실행하기 때문에 아무리 중대한 변화가 있다 해도 냉정하게 대처할 수 있는 것이다.

20 대책에는 사전대책과 사후대책이 있다

"위험요소인가, 기회인가?"

이런 질문을 받으면 누구나 위험요소는 가능하면 회피하고 기회를 받아들이기를 바랄 것이다. 그러나 결단의 프로페셔널은 위험요소나 기회의 원인을 생각함과 동시에 그 원인을 제거하는 대책(위험요소), 이끌어내는 대책(기회)도 함께 생각한다. 이것이 바로 사전대책이다.

하지만 현실적으로 볼 때 사전대책에 의해 항상 위험요소를 피하고 기회를 이끌어낼 수 있는 것은 아니다. 위험요소를 제거하기 위해 아무리 예방을 해도 예상치 못한 위험요소가 발생하는 것이 일반적인 현상이기 때문이다.

대책에는 사전대책과 사후대책이 있는데, 이 두 가지 대책을 생각함으로써 위험요소는 감소되고 기회는 더욱 증가한다고 여기는 것이 결단의 프로페셔널의 사고방식이다.

즉 위험요소가 발생할 경우 가능하면 억제하기 위해 노력하면서 혼란 속에서도 타이밍을 적절히 활용하여 대책을 실시하는 방식을 연구하는데 이것이 사후대책이다.

대책만 잘 강구하면 일이 순조롭게 진행되리라고 생각하기 쉽지만 절대 그렇지 않다. 사전이든 사후이든 위험요소나 기회를 확실하게 이해하고 그 원인을 밝혀내야 비로소 실행 가능한 대책이 부각되는 것이다.

구체적인 예 : 위험요소에 따른 대책을 구체화시키기

A은행은 금융업계 재편성 작업이 진행되는 상황 속에서 경영자의 엉성한 경영전략으로 인해 위기상황에 빠지게 되었다. 지점의 통폐합 등 합리화 작업이 진행되었지만 금융시장에서의 지위는 더욱 저하될 뿐이었다.

그 때문에 유능한 젊은 은행원들은 대부분 전직을 하는 상황이 발생했다. 융자영업부에 있던 U씨도 그 중 한 사람으로, 대학 선배가 근무하는 유명 게임기 소프트 회사인 E사의 재무부로 전직했다.

회사를 옮긴 지 1주일째 되었을 때 재무부 사무실은 비좁은 본사에서 도로 하나를 사이에 둔 신축 별관으로 이전하게 되었고, U씨가 그 이전 프로젝트의 리더로 임명되었다. A은행에 재직할 때 지점 합병에 의한 이전 경험이 있다는 사실을 사장이 이미 알고 있었던 터라 U씨를 프로젝트의 리더로 임명한 것이다.

U씨의 입장에서 보면 새로운 직장에서 자신의 업무수행 능력을 발휘할 수 있는 기회이기도 했다. 하지만 그는 사무실 이전이 예정대로 이루어지지 않을 경우 사장이 그의 능력에 대해 다시 생각할 것이라는 사실 또한 잘 알고 있었다.

U씨는 우선 이전장소가 가까운 거리라는 점에서 모든 것을 운송업자가 운반하는 인해전술을 취하기로 했다. 그러고는 달성해야 할 네 가지 포인트를 다음과 같이 정리했다.

- 언제까지 : 토요일 오전 9시에 시작, 오후 3시까지 종료
- 무엇을 : 데스크 테이블 40대, 컴퓨터 30대, 의자 등
- 어느 정도 : 무사히
- 어떻게 한다 : 본사 4층에서 도로를 사이에 두고 떨어져 있는 별관 3층으로 이전한다.

그런 다음에 위험요소를 체크해 보니 네 가지 중대한 문제가 드러났다.

- 스케줄이 늦춰질 수 있다.
- 작업 순서가 혼란스러워질 수 있다.
- 이전해야 할 물품이 파손될 가능성이 있다.

• 물품의 도난과 분실이 예상된다.

이러한 위험요소들을 정리하여 사전에 대책을 강구한 다음, 사무실 이전 전날인 금요일에 재검토해 보았더니 여전히 발생할 수 있는 위험요소가 나왔다.

예를 들어 이전할 곳은 사무실이 밀집된 거리이므로 점심시간에는 근처의 음식점이 거의 만원사례를 이룬다는 사실을 생각해 내었다. 이러한 위험요소는 도시락을 주문해 둠으로써 사전에 대비하기로 했다.

한편, 다음과 같은 위험요소도 드러났다.

• 근처에서 도로포장 공사를 하기 때문에 정체현상이 발생할 수 있다.
• 이전할 사무실에 집기를 어떻게 배치할 것인지 아직 정리되지 않았다.
• 부서에 따라 포장할 수 없는 중요한 서류들이 있다.
• 본사 출입구의 회전문은 화물차가 간신히 통과할 정도이다.

이런 문제들에는 교통정리를 담당할 인원을 배치한다, 직원들에게 각 집기를 어떻게 배치할 것인지 미리 정리하도록 한다, 중요한 서류들은 따로 포장한다, 그날만 회전문을 떼어놓는다는 식으로 각

결단 프로세스를 익히다

각 대응했다.

또한 별관의 화물 전용 엘리베이터는 조정작업 때문에 운행이 중단되어 있었는데 당일에 가동할 수 있도록 미리 지시를 내렸다. 이웃 건물에서 지난주 이사할 때 비품을 도난당했다는 사실을 알고 난 뒤에는 경비회사에 경비원을 증원해 달라고 부탁해 놓았다.

이런 식으로 사전대책을 실시한 덕분에 사무실 이전은 매우 순조롭게 진행되어 예정보다 한 시간이나 빨리 끝났고, 사장이 확인을 하러 왔을 때는 모든 작업이 끝나 있었다.

위험요소의 발생에 대한 사전대책과 사후대책을 미리 생각해두지 않았다면 이전 당일 상당한 혼란에 빠졌을 것이라고 생각하며 U씨는 마음속으로 안도의 숨을 내쉬었다.

▎ 장래에 문제는 없는가? ▎

장래 분석

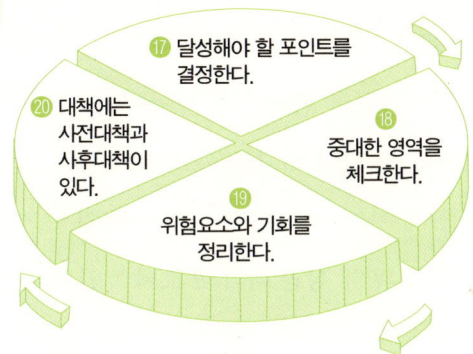

⑰ 달성해야 할 포인트를 결정한다.

⑳ 대책에는 사전대책과 사후대책이 있다.

⑱ 중대한 영역을 체크한다.

⑲ 위험요소와 기회를 정리한다.

효과적 질문(자문자답)

- 무엇을, 언제까지 달성(완료)하고 싶은가?
- 어느 정도나 달성했는가?

- 실패했을 경우에 영향이 큰 부분은 어디인가?
- 책임이나 권한이 애매한 부분은 어디인가?
- 일정이 빡빡한 부분은 어디인가?
- 처음 실행해야 할 일은 무엇인가?

- 바람직하지 못한 사태(위험요소)가 구체적으로 발생할 가능성이 있는 부분은 어디인가?
- 어떤 기회가 발생할 것으로 생각하는가?
- 위험요소/기회를 발생시키는 원인/계기는 어떤 것인가?

⑳
- 발생할 위험요소의 원인을 제거할 수 있는 효과적인 대책은 무엇인가?
- 발생할 기회의 계기를 이끌어내는 방법으로 어떤 것을 생각할 수 있는가?

결단 프로세스를 익히다

　그렇다면 앞에서 설명한 '전술'에 대해 정리해 보기로 하자.

　결단의 프로페셔널은 확실한 '골/방향 설정', 이른바 전략 프로세스를 이해한 뒤 앞으로 취해야 할 '구체적인 수단/방법'을 전술 프로세스로서 다음과 같이 대처한다.

　우선, 문제를 세 가지 영역(원인 규명, 선택 결정, 장래 분석)으로 나누어 컨트롤하기 위해 상황 파악 프로세스 안의 다음과 같은 네 가지 싱크포인트를 활용한다.

　　05 문제점을 열거한다.
　　06 사실적인 정보를 중시한다.
　　07 과제화(행동계획/액션플랜) 한다.
　　08 우선 순위를 분명히 매긴다.

　이것들은 골(목적)을 밝히는 전략을 세워 놓고 이를 달성하기 위한 전술을 각각의 선택의 여지에서 추출한 것이다.

　영역의 첫 번째(원인 규명), 즉 기대한 목표나 성과를 제대로 달성하지 못했을 때는 다음과 같은 싱크포인트를 활용하여 바람직한 방향으로 흐르지 못한 문제의 핵심을 파헤친다.

09 차이를 명확히 한다.

10 정보를 재빨리 정리한다.

11 정보의 품질을 확인한다.

12 가정한 원인을 정보로 검증한다.

두 번째(선택 결정)는 목표로 삼은 성과를 달성하려면 어떤 방법을 취해야 좋은가를 선택하는 것이다.

13 안건, 선택의 목적을 명확히 한다.

14 목표나 조건을 열거하고 평가한다.

15 복수의 안건을 생각한다.

16 위험요소를 생각한다.

이와 같은 싱크포인트를 활용하여 가장 바람직한 방법을 선택한다.

세 번째(장래 분석)는 앞으로 실시할 예정 또는 현재 실시중인 계획에서 어떤 위기 상황을 예측할 수 있는지, 그리고 이에 대한 대책이 효과적인지 체크하는 것이다. 이때는 다음과 같은 싱크포인트를 활용하여 바람직하지 못한 상황이 발생했을 때의 문제점을 파악한다.

17 달성해야 할 포인트를 결정한다.

18 중대한 영역을 체크한다.

19 위험요소와 기회를 정리한다.

20 대책에는 사전대책과 사후대책이 있다.

결단의 프로페셔널은 이처럼 결단에 이르는 전술 프로세스를 가지고 있으므로 확고한 결단을 내릴 수 있다. 뛰어난 전술을 갖추면 당연히 일상적으로 만나는 상황에서도 결단이 뛰어날 수밖에 없다.

제3장

실시 프로세스

1) 실시 분석

"달성할 수 있는 것인가?"(실시 분석)

결단의 프로페셔널은 결단에 의해 실행중인 일이나 업무가 예측한 성과를 확실하게 달성할 수 있는지 신중하게 검토한 뒤 바람직하지 못한 상황이나 개선할 점에 대해서는 즉시 그 원인을 발견하여 최소비용으로 개선 작업에 착수한다.

불가능한 상황인 경우에는 주저하지 않고 도중에 철수하는 것도 특징이라고 말할 수 있다. 이들은 골(목적)을 명확히 한 뒤 항상 최소한의 노력을 기울여 확인하는 태도를 게을리하지 말아야 한다는 점을 인식하기 때문이다.

즉 결단의 프로페셔널은 도중에 철수함으로써 일어나는 위험요소를 최소화하기 위해 다음과 같은 네 가지 싱크포인트를 항상 인식하고 활용한다.

> 21 업무를 세밀하게 분류한다.
> 22 역할 분담을 분명히 한다.
> 23 진행상의 중요한 포인트를 체크한다.
> 24 경험의 영상화를 도모한다.

21 업무를 세밀하게 분류한다

결단에 의해 얻을 수 있는 성과와 실행에서의 제약조건을 생각할 때 빼놓을 수 없는 것은 실제로 실행하는 업무(일, 작업)를 세밀하게 분류해 보는 태도이다. 그러기 위해서는 영상화된 성과를 머리 속에 떠올려 업무의 시작과 종료, 그리고 책임 범위를 명확히해야 하며, 나아가 비용이나 시간을 세분화하여 구체적인 개별 작업에 착수하는 자세도 필요하다.

이러한 태도는 결단을 내릴 때 세부적인 내용까지 명확하게 인식하는 데 많은 도움이 된다.

22 역할 분담을 분명히 한다

결단의 성과를 올리려면 사람과 조직을 최대한 활용할 필요가 있다. 누가 또는 어떤 조직이 어떤 일을 분담하고 어떤 역할과 권한을 가지고 있는지, 그리고 그것을 위해 필요한 능력, 자원(설비 · 장치 · 자재 등)을 최대한 머리 속에 그릴 수 있어야 한다.

결단을 서두른 나머지 역할 분담이 막연해지거나 누구에게 권한을 부여할지 애매한 상태인 채로 내버려두면 오히려 혼란에 빠지기 쉽다. 서두르면 일을 그르친다는 말은 바로 이런 경우를 가리키는 경우이다.

결단의 프로페셔널의 진수는 사람이나 조직의 역할을 확실하게 분담하여 재빨리 지시를 내리고 권한을 위임할 수 있다는 점이다. 이런 경우 또 한 가지 중요한 점은 관련 부처나 관련 조직에서도 동의를 얻을 수 있어야 한다는 것이다. 그 결과 역할을 담당하는 사람이나 조직은 매우 의욕적인 상태가 되어 놀라울 정도로 활기차게 행동할 수 있다.

구체적인 예 : 결단의 프로페셔널이 보여준 역할 분담

T씨는 12년 전에 창업한 위생 · 의료 기기 제조회사인 W사의 사장이다. W사는 디스포저블 제품(주사기나 그 부속품 등 사용이 끝난 플라스틱 제품의 의료 기기)과 혈액분석장치(종양 마커 검출장치)를 주요 제품으로 생산하고 있다.

이런 제품들은 기술과 가격경쟁력이 매우 뛰어나 시장점유율이 꽤 높은 편이다. 특히 최근에는 에이즈나 C형 간염이라는 감염증에 대한 인식이 높아졌기 때문에 디스포저블 제품이 의료현장에서 급속도로 보급되어 과거에는 취급하지 않던 특수제품도 디스포저블로 대응할 수 있게 되었다. 그 결과 수주를 받고 생산하는 체계가 이루어져 안정된 수익을 올리고 있다. 나아가 혈액분석장치는 매우 간결해져서 내장된 마이크로 프로세서에 의해 측정치의 해석정밀도와 속도가 향상되었기 때문에 발매 직후부터 각 방면의 주목을 모아 꽤 많은 거래 문의가 들어오고 있다. 이처럼 의료관계자의 평판은 매우 높은데도 불구하고 매출이 오르지 않아 회사측은 고민에 빠졌다.

제품개발 회사로 출발한 W사는 영업 부문을 병설하는 것으로 성장을 이루어왔다. 그래서 지난 2년 동안 계속 영업사원을 증원했지만 그다지 큰 효과는 올리지 못했다.

T씨는 제조·판매·관리 업무를 세분화하도록 명령을 내리는 한편, 이번 기회에 역할 분담을 중점적으로 실행하기로 했다.

이에 따른 조사 결과 영업 부문은 영업사원에 따라 제품에 관한 지식 차이가 많다는 것, 업무의 간소화가 추진되지 못한다는 것, 경비가 이중으로 지출되는 경우가 많다는 것, 수주한 업무의 실수가 많다는 것, 납기일이나 가격 등에 관한 고객들의 불만에 즉각적으로 대응하지 못해 생산관리에도 문제가 발생하고 있다는 것 등을 알게 되었다. 또한 고객의 증가에 따르는 클레임이나 가격 면에서의 대응도 어려워져 고객 정보의 일원적 관리조차 활용되지 못하는 등 영업 부문의 약점까지 부각되었다.

T씨는 업무를 세분화하는 것과 동시에 역할 분담에 관한 조사를

한 뒤 혈액분석장치의 영업 부문을 폐지하고 인재 컨설턴트 회사의 영업 전담 서비스에 일괄적으로 맡긴다는 결단을 내렸다.

그 이후 고객 정보의 흐름이 순조롭게 이루어졌고 경비는 절반 이하로 축소된 반면, 매출은 서서히 신장되기 시작했다.

23 진행상의 중요한 포인트를 체크한다

결단을 내릴 때 특히 조심해야 할 점은 결단에 의해 실시되는 '업무/작업'이나 사람의 '역할/권한'이 어떤 식으로 활용되고 추진되어 스케줄을 맞출 수 있는지 생각하고 미리 단계별로 예측하여 확인할 수 있는 기준을 준비해야 한다는 것이다. 이것을 마일스톤(이정표)을 이용한 확인이라고 한다. 즉 결단이 끼치는 영향에 대해 전체를 바라보면서 체크할 수 있는 시스템을 만드는 것이다.

결단이 올바른 것이라 해도 환경변화에 따라 트러블이나 실패가 발생할 가능성은 얼마든지 있다. 따라서 미리 마일스톤을 설정해두고 어떤 타이밍에서 무엇이 진행되고 어떤 영향이 발생할 수 있는지 가정한 상태에서 업무가 바람직하지 못한 방향으로 흐를 경우에는 즉시 개선하고 개량해야 한다. 어떤 경우에는 깨끗하게 손을 떼는 방법도 생각할 수 있다.

장래를 대비하여 마일스톤을 설정하는 것은 결단을 지원하는 데 있어서 빼놓을 수 없는 중요한 포인트이다.

결단의 프로페셔널은 결단을 내리기 위한 정보나 자신의 생각을 가능하면 시각화하는 것이 특징이지만, 다른 한편으로는 결단을 내린 이후에도 그 영향이 끼치는 범위에서 진행상 중요한 체크 포인트를 미리 설정해둔다. 그리고 예정대로 진행되고 있는지 확인하는 작업도 게을리하지 않는다.

24 경험의 영상화를 도모한다

결단의 프로페셔널은 골(목적)이 무엇인지, 바람직하지 못한 사태가 어떤 것인지, 안건은 무엇인지 하는 식으로 정보를 정리한 뒤 확실한 프로세스를 거쳐 결단을 내린다. 그런 경우에도 이들이 냉정함을 잃지 않는 이유는 결단 그 자체를 평가하는 기술을 갖추고 있기 때문이다.

일반적으로 결단을 내린 이후의 진행이나 결과는 도저히 예측할 수 없다고 생각하기 쉽지만 결단의 프로페셔널은 결단에 의한 목표의 실현화, 즉 모든 행위가 완료된 이후의 수지결산까지도 염두에 둔다.

물론 결단을 내린다고 해서 그것이 항상 올바른 선택이라고 단정할 수는 없다. 결단의 프로페셔널이라 해도 연전연승은 있을 수 없으므로 때로는 이들이 내린 결단이 실패로 끝나는 경우도 얼마든지 있다. 하지만 결단의 프로가 일반인과 다른 점은 실패한 경험을 데이터베이스화한다는 것이다.

| 달성할 수 있는 것인가? |

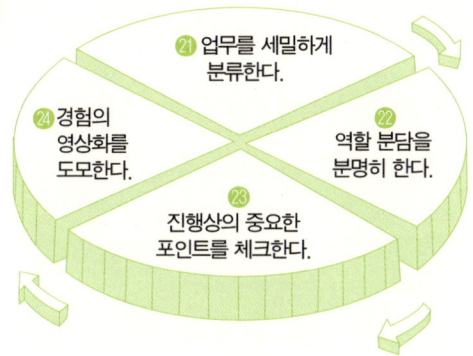

효과적 질문 (자문자답)

21
- 성과를 낼 수 있는 단위의 일은 어떤 것인가?
- 비용과 시간으로 구분하면 어떤 일이 있는가?
- 개별적인 작업은 어떤 식으로 나눌 수 있는가?

22
- 업무/작업에 어울리는 사람은 누구인가?
- 필요한 책임/권한을 위임하고 있는가?
- 어떤 기술/설비/재료가 필요한가?

23
- 진행 상황을 확인할 수 있는가?
- 발생할 가능성이 있는 위험요소/기회를 예측하고 있는가?

24
- 처음에 가정한 목적달성도와 환경변화는?
- 실제로 나타난 결과의 목적달성도와 환경변화는?
- 가정한 내용과 결과를 비교하여 냉정하게 평가한다면?

즉 처음에 예상한 것과 결과를 비교하여 자신이 내린 결단을 냉정하게 평가, 다음에 결단을 내릴 때 중요한 자료로 삼는 것이다. 물론 이것도 머리 속으로 영상화하면서 간결하게 정리한다. 다시 말해 경험을 영상화함으로써 데이터베이스화시켜 확실하게 축적시켜 둔다.

제1부 정리

지금까지 결단에서의 여섯 가지 프로세스와 24가지 싱크포인트에 대해 설명했다. 여기서 한 가지 주의해야 할 점은 비즈니스나 일상 생활에서 결단을 내릴 때는 이러한 내용들을 필요에 따라 적절하게 적용해야 한다는 것이다.

결단을 내려야 할 상황이나 난이도에 따라 모든 싱크포인트를 총동원해야 하는 경우도 있고, 반대로 한 가지 싱크포인트만 적용해야 하는 경우도 있다. 어디까지나 상황에 따라 적절한 대응을 하는 자세가 필요하다.

다음에 결단의 구조를 도표로 설명해 놓았다. 결단을 내릴 때는 반드시 이 도표를 머리 속에 떠올려 빠르고 확실하게, 그리고 질 높은 결단을 내리도록 하자.

결단의 구조

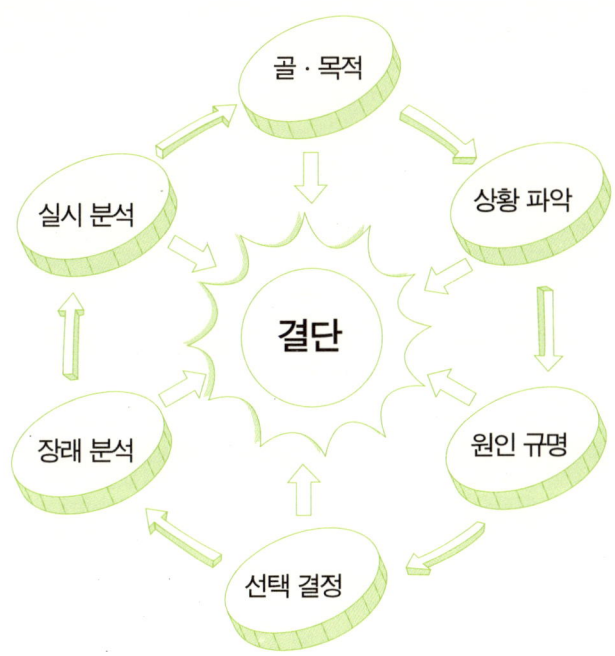

골 · 목적

실시 분석

상황 파악

결단

원인 규명

장래 분석

선택 결정

결단 프로세스를 익히다

습득편

실례를 적용한다

제 4 장

역사를 통해 살펴보는 결단

여기서 소개하는 내용은 실제로 있었던 사건들이다. 만약 이와 같은 상황에서 적절한 결단을 내리지 못했다면 현재 지구의 상황은 매우 달라져 있을 것이다. 역사상의 어떤 중대한 결단도 이 결단 앞에서는 초라한 존재가 될 수밖에 없다. 그것은 바로 제35대 미국 대통령 존 F. 케네디에 의해 행해진 '쿠바 위기'(인류가 핵전쟁에 의해 지구 붕괴의 위기에 처했던 단 한 번의 사건) 때의 결단이다.

스푸트니크 쇼크

1957년 10월, 소련(현재의 러시아)이 쏘아 올린 인공위성 스푸트니크로 인해 미국은 큰 충격을 받았다. 당시의 여론에 따르면 일본의 진주만 공격을 웃도는 충격이었다고 한다. 이른바 '스푸트니크 쇼크'로 불리는 이 사건으로 인해 미국은 소련이 언제, 어떤 장소에도 핵탄두 미사일을 떨어뜨릴 수 있다는 사실을 인정하지 않을 수 없게 되었다.

스푸트니크 쇼크는 미국 상층부가 구체적인 행동에 나서도록 만들었다. 당시 미국의 미사일은 소련과 비교할 때 2백 대 1로, 양적으로 우위에 있었던 데 비해 소련에는 미국 본토에 닿을 만한 미사일 따위는 존재하지도 않았다. 하지만 미국은 스푸트니크 쇼크 이후 북대서양조약기구(NATO) 참가국으로부터 지나치다는 평가를 받을 정도로 중거리 미사일 배치를 주장했고, 실제로 터키에 사정거리 2천4백 킬로미터에 이르는 주피터 미사일을 15기나 배치했다.

그 결과 미국은 10분 만에 미사일을 모스크바에 쏘아보낼 수 있는 태세를 갖추었고, 소련 상층부인 크렘린은 항상 미사일 침공의 악몽에 시달리게 되었다.

인생 최대의 패배를 맛보다

스푸트니크 쇼크에서 1년 3개월이 지난 1959년 1월, 카리브해에 떠 있는 섬나라 쿠바에서 정변이 발생했다.

오래 전부터 미국의 마피아는 쿠바에서 도박장을 경영하며 막대한 이권을 움켜쥐고 있었다. 그런데 마피아 등과 결탁한 카스트로 장군이 금품을 착복하는 독재정권의 부패를 규탄, 정권을 탈취한 것이다.

'쿠바 혁명'으로 불리는 이 사건은 이른바 이데올로기적 정변은 아니었다. 그러나 당시 공화당 소속이었던 아이젠하워 대통령은 카스트로의 요청을 거부했을 뿐 아니라 심한 굴욕과 반미감정을 심어주었고, 이에 대한 반발로 카스트로는 쿠바 내부의 미국 자산을 모두 접수해 버렸다. 물론 거기에는 카지노를 포함한 음지의 이권도 포함되어 있었다.

또한 쿠바는 당시 유일한 산업이었던 사탕수수 수출을 통하여 급속도로 소련에 접근했다. 이에 초조해진 미국은 쿠바에 대하여 식료품을 제외한 모든 품목의 전면적인 수출금지 조치를 취했다. 완전포위 상태를 연출한 것이다.

아이젠하워로부터 정권을 이어받은 케네디 대통령은 CIA가 중심이 되어 입안한 쿠바 침공작전(나중의 픽스만 사건)도 계승했다. 그 작전은 전문가 또는 군인들이 쉽게 빠지는 오만한 사고방식으로 인해 매우 거칠었다. 하지만 계획을 실시하기 1주일 전에 갑작스런 요청이 들어오자 케네디는 그다지 내키지 않는 마음으로 일단 승인을 했다. 이때 케네디가 내린 결단은 미군이 직접적인 개입은 하지 않겠다는 것뿐이었다.

이렇게 해서 1961년 4월 17일 새벽, 쿠바 망명군 약 1천5백 명이 픽스만에 상륙했지만 2만 명의 카스트로 군에게 참패를 당하고 말았다. 이 작전은 비참한 결과로 끝났을 뿐 아니라 뜻밖에도 전세계의 조롱거리가 되었다. 미국의 사기공작이 드러났기 때문이다.

결과적으로 이 작전을 승인한 사람은 케네디이므로 그는 자신의 인생에서 가장 큰 패배를 맛본 셈이다. 케네디는 기자회견장에서 이렇게 말했다.

"여러분, 승리는 백 명의 부모를 얻을 수 있지만 패배는 한 명의 고아밖에 얻을 수 없다는 말이 있습니다. 나는 정부의 책임자로서 그 책임을 통감하지 않을 수 없습니다."

케네디의 이러한 발언은 자신의 실수를 깨끗이 인정하고 반성한 말로서 높은 평가를 받았다.

한편, 케네디는 모든 일이 끝난 뒤 자신의 친구이자 심복인 시오드아 소렌슨에게 분한 마음을 이렇게 표현했다고 한다.

"내가 왜 이런 식으로 일을 처리했는지 모르겠어. 지금까지 전문가에게 의지하지 않고 내가 직접 일을 처리해 왔었는데 말야. 이번에는 정말 어리석은 짓을 저질렀어. 그런 사람들에게 일을 맡기다니…."

'기초 인식'을 소홀히 한 케네디

한편, 이 작전에 의해 카스트로는 미국의 의도, 즉 카스트로 정권의 말살을 확실하게 인식했다. 따라서 쿠바가 모든 기회를 동원하여 미국의 적인 소련의 옹호를 요구하게 된 것은 지극히 당연한 결과였다.

소련의 원수인 흐루시초프 역시 최대의 대치국가인 미국의 턱 밑에 위치한 쿠바를 마음껏 조종하게 되었다는 데 만족스런 미소를 지었다. 흐루시초프는 측근인 동지 미코얀의 반대를 무릅쓰고 쿠바에 미사일을 배치하라는 작전 명령을 내렸다. 더구나 카스트로의 결정을 기다리지도 않고 소련의 정규군 4만 1천 명과 함께 막대한 병기와 미사일을 쿠바로 반입시켰다. 소련 역사상 최대 규모의 군사수송 작전이 시작된 것이다.

1962년 8월, 의회와 매스미디어를 비롯한 여론이 케네디에게 쿠바의 미사일 의혹에 대한 질문공세를 퍼붓자 케네디는 다음과 같이 낙관적인 관측을 했다.

"흐루시초프는 공격형 병기를 투입하지 않겠다는 자신의 공약을 어기면서까지 핵무기를 국외에 배치하지는 않을 것입니다."

즉 소련이 미사일을 투입하지 않으리라고 선언한 것이다. 하지만 이는 미국이 소련의 턱 밑에 미사일을 배치했다는 사실을 제쳐둔 일방적인 선언으로, 이런 경우 최대의 적인 소련도 같은 생각을 하리라는 상투적인 전략을 외면한 발언이다.

그러는 동안에도 미사일 배치는 계속 이어졌다. 쿠바에 투입된 핵미사일은 미국 본토를 직접 공격할 수 있는 중거리 핵미사일과 전술 핵미사일이었다. 중거리 핵미사일은 미국의 모든 지역을 사정거리 안에 두었고, 전술 핵미사일은 사정거리 90킬로미터로 적군의 함선이나 전선기지를 공격하는 것이었다. 최종적으로는 중거리 핵미사일과 전술 핵미사일을 포함하여 적어도 54발의 핵탄두가 장착된 상황이었다고 한다.

소련군은 다음과 같이 밝혔다.

"설령 미국이 공격해 온다 해도 현지 지휘에 따른 모든 수단을 이용하여 반격할 수 있게 되었다."

이런 사실을 통해 예상해볼 때 만약 미군이 쿠바를 침공했다면 틀림없이 핵전쟁이 발생했을 것이다. 그러나 당시 케네디를 비롯한 미국 정부에서는 쿠바에 핵미사일이 투입되었다는 사실을 전혀 인식하지 못했다. 하물며 전술 핵미사일 배치는 상상도 하지 못했다.

케네디가 명확히 한 골(목적)

미국 내 강경파들의 주장과 여론에 흐르는 소문, 게다가 1년 전에 있었던 쿠바 침공작전 실패 등으로 인해 케네디는 상당히 신중한 자세로 상황을 인식해야 한다고 생각했다.

여기서 우선 케네디는 현재 변화하고 있는 정보에 주의를 집중하고 이것을 정리하기로 했다. (상황 파악)

케네디는 1962년 10월 9일, 쿠바의 정찰비행을 명령했다. 그러나 악천후 등으로 인해 실제로 행동에 옮겨진 것은 닷새 뒤인 10월 14일 오전 2시 30분(동부 표준시간)이었다. 리파드 하이저 공군 소령은 고도전략 정찰기 U2를 몰고 플로리다 주 올랜도에 있는 맥코이 공군기지를 출발, 12분에 걸쳐 지상을 빠짐없이 촬

영한 뒤 아무 일도 없었던 것처럼 기체를 돌려 무사히 공군기지로 돌아왔다.

필름은 워싱턴 DC의 국가사진분석센터(NPIC)로 신속히 보내졌고, 분석담당관에 의한 철저한 분석작업이 실시되었다.

그 결과 다음과 같은 사실이 판명되었다.

"아바나에서 90킬로미터 떨어진 산 속에서 두 개의 기지가 발견되었음. 한 기지에는 대형 텐트 14개, 소형 텐트 15개가 있음. 트레일러가 6대 있는데 길이 24미터나 되는 캔버스 천으로 덮여 있고, SSS · SS4를 운반하기 위한 형태를 갖추었음. 또 하나의 기지에는 트레일러 8대와 미사일 발사대로 보이는 것이 4대 있음. 이것들은 소련의 중거리 핵미사일 기지화의 초기 단계로 판단됨."

이 정보는 즉시 CIA에 보고되었고, 대통령 특별보좌관(국가안전보장 문제 담당)인 맥조지 번디에게 전달되었다. 맥조지의 보고를 받은 케네디는 즉시 국가안전보장회의 집행위원회를 개최하라는 소집명령을 내렸다.

이윽고 케네디 정권의 각료 전원과 군 관계자가 긴장된 표정으로 모여들었다. 케네디는 지금의 사태를 타개할 방법이 무엇인지 알아내기 위해 멤버 전원의 기초 인식과 그 인식의 시각화를 공유할 토론을 전개했다.(선택 결정)

먼저 국무장관 딘 라스크가 자신의 의견을 발표했다.

"만약 우리가 쿠바에 핵탄두 미사일을 배치하라고 허락한다면 소련과 그 위성국가에 끼칠 외교적 영향은 생각만 해도 끔찍합니다. 소련은 자기들이 언제든 마음만 먹으면 행동을 보일 수 있다는 사실을 전세계에 과시하려 하는 반면, 미국은 소련의 행동에 완전히 무력한 상태에 있음을 선전하려고 합니다. 만약 그들이 이 계획을 성공시킨다면 미국에 대한 각국의 신뢰가 무너져 우리의 동맹국들은 소련의 압력에 동요하게 될 것입니다. 이에 힘을 얻은 소련은 한층 더 강한 압력을 가해올 것이 틀림없습니다. 쿠바의 미사일은 어떻게 해서든 제거해야 합니다. 우리가 할 수 있는 일은 그들이 양보할 때까지 국제적인 압력을 가하는 것과 동시에 강경하게 항의하거나 선제공격을 하는 것입니다."

이어 국방장관 로버트 맥나마라가 나섰다.

"기지를 공격(공습)하려면 미사일이 발사 가능한 상태가 되기 이전에 공격해야 하며, 목표도 미사일 기지뿐 아니라 비행장 · 핵 저장 기지까지 포함시켜야 합니다."

통합참모본부 의장 맥스웰 테일러 장군 역시 자리에서 일어나 강경한 발언을 했다.

"평상시에 준비를 하려면 며칠의 시간이 필요하지만 긴급사태일 경우 몇 시간으로도 준비가 가능합니다. 더구나 작전은 며칠 동안 계속할 수 있습니다. 공습 다음 단계로 공중과 육지에서의 침공도 이미 준비되어 있습니다. 또한 공습으로 공격무기를 파괴한 이후 더 이상 투입할 수 없는 상황을 만들어야 하는데, 그렇게 하려면 해상을 봉쇄해야 합니다."

의견은 공습, 그것도 기습공격이어야 한다는 방향으로 모아졌다. 그러나 군의 입장에서 볼 때 결정적인 타격을 끼칠 수 있는 공습 실시는 군사적으로 불가능한 일이며, 어떤 군사행동이든 그 이후의 사태 수습을 위해 침공이 필요하다는 점은 분명하게 인식하고 있었다. 따라서 이런 사태를 피하려면 '해상봉쇄'가 최선책이었다.

케네디는 최종적으로 골을 밝혔다.

"소련이 쿠바에 핵미사일을 배치하는 것은 그냥 내버려둘 수 없는 일입니다. 이것은 명백한 사실입니다. 우리는 쿠바에 투입된 미사일을 제거해야 합니다."(골·목적)

케네디는 토론의 흐름을 거슬러 혼자 반론을 폈다. 그는 이번 골에는 수억, 수십억의 생명이 걸려 있다는 사실을 인식하고 있던 것이다. (누구를 위한 결단인가?)

케네디는 의회 발언을 통해 각료와 군 관계자의 기초 인식을 확인할 수 있었다. 하지만 그는 군의 강경한 공습 주장을 거부한 채 '해상봉쇄'를 통하여 사태를 수습하기로 결정내렸다. (선택 결정)

결단을 국민과 공유화

그 후 케네디와 그로미코 회담을 비롯, 군의 또 다른 공습 압력 등이 있었다. 그러나 케네디는 '해상봉쇄'라는 선택을 끝까지 관철시켰다. 물론 자신의 이러한 결단을 모든 국민과 공유하기 위해 매스미디어를 활용, 동맹국에도 뜻을 전달했다.

1962년 10월 22일, 케네디는 백악관에서 국민을 향해 이렇게 말했다.

"국민 여러분, 안녕하십니까? 오래 전에 약속 드린 대로 우리는 쿠바에서 행해진 소련의 군비증강 작업을 주의 깊게 감시해 왔습니다. 그 결과 입수한 증거를 통해 쿠바에서 미사일 기지가 건설되고 있다는 사실이 판명되었습니다. 이곳은 소련이 서반구를 핵탄두 미사일로 공격할 수 있는 전력을 갖추기 위한 기지입니다. 이에 따라 저는 국민의 안전을 지키기 위해 헌법에 기록된 권리를 행사하여 다음과 같은 수단을 강구하기로 했습니다. 우선, 소련의 공격무기가 더 이상 쿠바에 투입되는 것을 저지하기 위해 엄밀한 검문을 수행, 공격무기와 그에 관련된 물자를 실은 선박이 쿠바에 접근하는 것을 저지할 생각입니다. 쿠바로 향하는 모든 선박은 공격무기를 적재했을 경우 즉시 되돌아가야 할 것입니다. 둘째로, 감시작업을 계속 실시하여 쿠바에서의 군비 증강을 주시하겠습니다. 만약 공격무기 배치가 계속된다는 사실이 드러나면 더 이상의 행동이 필요할 것입니다. 공군에는 만약의 사태에 대비할 수 있도록 조치를 취하라는 명령을 내렸습니다. 셋째로, 쿠바가 서반구에 있는 국가를 향해 미사일을 발사했을 경우에는 소련이 우리 미국을 공격한 것으로 간주하여 소련 쪽에 보복조치를 감행할 것입니

다."(실시 분석)

핵전쟁을 막은 결단

미국의 움직임을 주시하던 소련군은 제2의 전략태세로 들어갔다. 즉 전면전쟁을 코앞에 둔 배치태세였다. 쿠바는 최고경계태세로 들어갔고, 카스트로는 라디오와 텔레비전을 통해서 국민을 상대로 철저한 항전과 타도 미국을 주장하며 이렇게 호소했다.

"조국을 잃을 것인가, 승리를 거둘 것인가!"

한편, 미국 시민들 사이에도 위기감이 퍼지면서 일부에서는 공황 사태까지 발생했다. 각지에서 식료품과 의료품의 매점매석이 발생하여 슈퍼마켓의 물건들이 즉시 동나버렸고, 방공호를 파거나 마당에 구덩이를 파고 핵전쟁에 대비하는 사람까지 생겨났다.

케네디가 미사일 배치 사실을 알게 된 지 9일 후 미국의 모든 군은 소련군과 마찬가지로 전면전쟁을 코앞에 둔 전시준비태세(데프콘 2)로 들어갔다. 이로써 전세계가 전면적인 핵전쟁 태세를 띠게 된 것이다.

한편, 케네디는 미주기구(OAS) 이사회에서 해상봉쇄 결의안을 채택하도록 지시를 내리고 앞으로의 대응을 미국에 일임하도록 함으로써 합법적인 근거를 확보했다.(장래 분석)

10일째에는 국제연합에서 긴급안전보장이사회가 소집되었고,

여기서 역사상 유명한 미국과 소련의 논의가 진행되었다. 다음은 미국의 국제연합 대사인 앙드레 스티븐슨과 소련의 국제연합 대사인 발레리앙 조린의 대화이다.

앙드레 스티븐슨 : 핵미사일의 존재를 인정합니까, 인정하지 않습니까? 예스와 노로 대답해 주십시오. 통역은 필요 없습니다. 예스입니까, 노입니까?

발레리앙 조린 : 매우 짤막한 질문이지만, 대답하는 데는 상당한 시간이 걸릴 것 같군요.

앙드레 스티븐슨 : 지옥이 얼어붙을 때까지 당신의 대답을 기다리겠습니다.

그야말로 전세계의 인류가 파멸되는 것이 아닐까 싶을 정도로 매우 사실적인 영상이 펼쳐진 것이다. (실시 분석)

12일째에는 미국의 U2 정찰기가 소련의 지대공 미사일에 의해 격추되었고, 이 사건으로 일촉즉발의 위기상황이 연출되었다.

케네디는 어쩔 수 없이 핵무기 발사 버튼을 누를 수밖에 없는 상황으로 몰린 것이다. 그러나 전세계인을 죽음으로 몰고 갈 벼랑에 서 있던 케네디는 다시금 마음을 가다듬었다. 벼랑의 반대편에 서 있는 흐루시초프를 생각한 것이다. (골 · 목적)

핵전쟁의 벼랑 끝에 서 있는 상황에서는 승리도 패배도 존재하지 않는다. 다시 말해 케네디는 모든 사람이 같은 운명을 공유한다는 바로 그 점이 골이라는 사실을 이미 알고 있었던 것이다.

케네디는 로버트 케네디를 사자로 보내는 한편, 주미 소련대사 도블이닝의 주선으로 흐루시초프와 대화를 시작했다. 13일째에 흐루시초프는 모스크바 방송을 통해 미사일을 철수하겠다는 선언을 영어로 발표했고, 이것으로 세계는 핵전쟁 위기를 피할 수 있게 되었다.

1963년 6월 10일, 아메리카대학교(American University) 졸업식에서 케네디는 역사적인 평화공존 연설을 했다. 세계의 다양성을 이해하고 어느 한쪽에 치우치지 않는 공정한 평화 확립과 군비 확대 중지에 관한 연설이었는데, 여기서 미국은 대기권 내에서 핵실험을 중지한다는 내용을 독자적으로 선언했다.

그로부터 얼마 지나지 않은 11월 22일, 케네디는 댈러스에서 저격범의 흉탄을 맞고 암살당했다.

흐루시초프는 케네디가 암살당했다는 소식을 듣고 그의 위대한 결단에 경의를 표하는 한편, 어이없는 죽음에 깊은 애도를 표하면서 이렇게 회상했다.

"그는 우리가 신뢰할 수 있는 인물이었다."

1년 후 흐루시초프도 실각하고 말았다.

위의 이야기를 통해 케네디의 결단이 전략, 전술, 실시의 프로세스를 얼마나 멋지게 실행했는지 충분히 이해했으리라 믿는다. 그는 인류의 생존이라는 관점에서 진지한 고민을 거듭한 끝에 쉽지 않은 결단을 내렸던 것이다.

사람에게 있어서 최대의 결단은 죽느냐 사느냐 하는 생존의 갈림길에서 선택하는 결단이라고 말할 수 있다.

역사를 통해 볼 때 지구 생태계와 인류의 생명을 좌우할 만한 당시의 결단은 지금까지 존재하지 않는다. 그것도 단순히 한 사람의 결단이었다는 사실에 전율을 느끼지 않을 수 없다. 수많은 역사가와 군사 관련자들은 케네디가 정반대의 결단을 내렸다면 지금과 같은 세계는 존재하지 못했으리라고 자신있게 말한다.

케네디는 우선 철저하게 정보를 수집하여 위험요소를 충분히 검토하고 대책을 고려한 다음, 그 시점에서 행할 수 있는 최선책을 이끌어냈다. 그런 뒤에는 상황이 바람직한 방향으로 전개되지 않은 원인을 확실하게 규명, 자신이 가야 할 방향을 명확하게 결정했다. 또한 시시각각으로 변화하는 상황을 정리한 뒤 나아가야 할 방향으로 제대로 가기 위한 구체적인 대책이 있는지, 그 시점에서 충분히 점검할 수 있는지 밝히기 위해 실행할 수 있는 최대의 과제를 이끌어냈다.

즉 케네디의 결단은 '골·목적', '상황 파악', '원인 규명', '선택 결정', '장래 분석', '실시 분석'이라는 프로세스에 의해 순차적으로 구성된 것이다. 이것은 특히 생존과 관련된 결단을 내릴 때 절대적인 조건이기도 하다.

　의사 결정 프로세스의 집대성이기도 한 결단은 정보를 즉시 정리하여 그 정보에 입각, 충분히 생각한 다음에 최종적으로 결정을 내리는 것이다. 결단을 내릴 때 절대 잊지 말아야 할 점은 그 결단이 누구를 위한 것인지 확실히 해야 한다는 것이다.

　시오드아 소렌슨은 그 당시 결단을 내릴 때 케네디의 뇌리를 스친 것은 가족과 국민, 그리고 수많은 인류였다는 사실을 밝혔다.

　권력자는 대부분 자신의 영달과 사리사욕에 집착하여 결단을 내리는 경우가 많다. 누구를 위하여 그런 결단을 내리느냐에 따라 그 사람의 수준과 품격이 달라진다는 것은 더 이상 말할 필요도 없다.

| 제5장 |
기업을 통해 살펴보는 결단

'결단의 프로' 야마토 운수의 오구라 마사오(小倉昌男) 사장

"나는 장래에 어떤 모습을 갖추어야 할까?"

이때의 결단은 냉정해야 하므로 매우 어려운 일이다. 특히 비즈니스 업계에서 장래를 결정지어야 할 경우에는 수많은 비즈니스맨, 경영자들이 골머리를 앓는다.

현대는 정치나 경제, 교육제도의 변혁 등 여러 가지 의미에서 전환기에 놓여 있다. 이렇게 복잡하고 곤란한 상황에서 고도의 결단이 요구되는 것이 비즈니스 업계이며 기업경영 현장이라고 말할 수 있다.

장래를 결정하기 위한 결단의 사례를 일본 경영 역사상 찬란하게 빛나는 야마토 운수 주식회사의 경우를 예로 들어 설명해 보자. 이 회사의 택배사업은 엄격한 규제 속에서 새로운 비즈니스 모델을 구축, 유통구조를 근본적으로 바꾸어 놓았다. 최대의 새로운 상품인 서비스를 제공하여 새로운 라이프 스타일을 도입한 경영자 오구라 사장은 그야말로 보기 드문 결단의 프로페셔널이라고 말할 수 있다.

과거에 성공했던 경험이 결단을 방해했다

일본 텔레비전에는 '쿠로네코 야마토의 택배'라는 광고가 자주 등장한다. 이렇게 재미있는 말을 택배회사의 대명사로 만든 야마토 운수의 프로필은 다음과 같다.

야마토 운수는 1919년 도쿄에서 탄생했다. 오구라 야스타미(小倉康臣) 초대 사장이 트럭 4대로 시작한 운송사업이었는데, 당시로서는 참신한 경영 마인드로 사업을 신장시켰다.

창립한 지 4년 후 간토(關東) 대지진이 발생했지만 이후 부흥을 바탕으로 한 수요를 주축으로 눈부신 성장을 했다. 그 후에도 간토를 중심으로 노선트럭의 네트워크를 완성, 1950년대 후반까지 '일본 제일의 트럭회사'로 인정받는 업계의 리더였다.

그런데 1954년경부터 업계에 지각변동이 일어났다. 그 배경에는 고도성장 경제의 태동과 함께 가전제품 같은 공산품이 생산지에서 소비지를 향하여 대량으로 흘러들어가게 되었다는 점을 들 수 있다. 그 때문에 각지에서 도로 개량작업이 실행되거나 수송업무용 트럭의 성능이 향상되었다. 즉 물류의 수요와 활성화가 동시에 발생했던 것이다. 그 중에서도 폭발적으로 신장한 것이 간사이

(關西)에서 도쿄로 향하는 수송수요라 할 수 있다. 그 과정에서 경합상대인 세이노 운수(西濃運輸) 등이 급격하게 성장했다.

그러나 야마토 운수의 초대 사장은 "트럭의 수비 범위는 백 킬로미터 이내로, 그 이상의 거리를 수송하는 것은 철도의 일이다." 하는 주장을 바꾸지 않고 장거리 수송에는 절대 참가하지 않았다. 결국 야마토 운수가 참가한 것은 동업자에게 5년이나 뒤진 1960년으로, 그 결과 성장기에 뒤처져 업계의 리더에서 삼류기업으로 전락해 버렸다.

그 당시의 상황에 대해 오구라 사장은 다음과 같이 말한다.

"경영자가 과거에 체험했던 성공사례가 시대가 바뀌어 새로운 일을 시작할 때 장애물이 될 수도 있다는 사실을 그 당시만큼 절실하게 느꼈던 적은 없다."

이 말은 기업환경의 변혁기에 내리는 결단의 속도가 어떤 식으로 생사를 구분하는지 체험한 사람의 입에서 나온 생생한 경험담이라 할 수 있다.

경영이란 자신의 머리로 생각하는 것

그 후 고도성장기에 뒤지지 않겠다는 결심으로 열심히 영업활동을 한 결과, 야마토 운수의 매상고는 착실하게 증가했다. 통운업무, 백화점의 배송업무뿐 아니라 화물수송 분야 전반을 대상으로 다각화(항공화물 · 해상화물 · 항만수송 · 포장 등)를 추진하여 본래의 트럭 수송까지 포함, 순조로운 성장세를 보였다.

그러나 1965년경부터 서서히 경영이익이 떨어지기 시작했고, 1970년대로 접어들면서 인건비 상승과 오일 쇼크 등으로 인해 또 다시 채산성이 악화되었다. 1971년 결국 초대 사장과 교체하여 사장으로 취임한 사람이 오구라 마사오이다.

오구라 사장은 과소 자본, 채무투성이인 재무, 낡아서 능률이 오르지 않는 설비, 낮은 작업효율, 삐걱거리는 노사관계, 수입 한계, 이익 저하 등이 경영 악화의 원인으로 작용하여 꼼짝도 할 수 없는 상황이 이어지던 당시의 야마토 운수를 냉정하게 분석했다.

"이러한 악순환에서 어떻게든 벗어나기 위해 하루도 빠짐없이 고민에 빠져 있었다."

새로운 결단을 내려야만 할 상황에 놓여 있던 오구라 사장은 철저하게 전략적으로 생각했다. 그리고 다음과 같은 결심을 했다.

"경영이란 오로지 자신의 머리로 생각하는 것, 그렇게 마음 먹는 자세가 매우 소중하다."

오구라 사장은 우선 싱크포인트의 기초 인식을 확실히 하는 작업에 착수했다. 그 첫 번째인 '환경 변화'에 대한 인식은 대략 이런 것이었다.

1940년대 말과 1950년대 초는 굶주림과 싸우는 시대였지만 1950년대 말과 1960년대 초는 제2차 산업인 제조업, 제3차 산업인 유통업이 주도하여 대량생산, 대량소비가 실현된 시대이다. 즉

실례를 적용한다

유통혁명이 발생하여 소비재를 싼 가격에 구입하게 되면서 일반 가정이 풍요로운 생활을 누리게 된 것이다.

그 다음으로 찾아오는 것은 소비자 시대(개인이 저마다의 생활을 즐기는 사회)라고 예측한 오구라 사장은 정보를 얻기 위해 본인이 직접 라이벌 회사의 지점을 찾아가 몰래 숨어 살펴보기도 했다.

이처럼 '사실적인 정보에 대한 강한 욕구'는 몇 번이나 강조한 바와 같이 수많은 결단의 프로페셔널에게 공통되는 특징이다.

그 결과 오구라 사장은 운송업이 노동집약적 산업이라는 사실을 인식하고 노동생산성의 향상과 기술 혁신을 위해 철저한 준비를 했다. 그뿐만 아니라 트레일러 시스템의 도입, 운전과 하역작업의 분리, 유니트 로드 시스템의 채용, 롤박스·팔레트 방식의 채용 등 생산성 향상을 위해 수많은 시도를 했다.

전원 경영

그 당시 운송업계에서는 수요자인 화주(貨主)를 지나치게 소중히 여겨 다른 회사와의 경쟁을 소홀히 하는 경향이 있었다. 즉 좁은 지역에서 특정 화주를 지키는 것이 고작으로, 불특정 화주를 개척할 생각조차 하지 않았던 것이다.

오구라 사장은 일단 매니지먼트에 필요한 경영이념을 구축하기 위해 노력했다. 그 첫 걸음으로 소비자가 무엇을 요구하는지, 운송시장에서 무슨 일이 일어나는지 알아내기 위해 '마케팅'을 중시하기 시작했다. 또한 여러 기업이 다각화를 목표로 많은 변화를 보이는 중에도 '업종형태'를 제대로 인식하기 위해 노력했다. 그리고 '전원경영'이라는 이념 아래 새로운 조직의 활성화를 촉진했다.

오구라 사장은 커뮤니케이션의 중요성을 일찌감치 간파했다. 따라서 사장이 알고 있는 정보를 종업원이 공유하면 종업원도 사장과 같은 생각을 하고 행동할 것이라고 판단했다. 이렇게 하여 서로를 이해하고 함께 일한다는 자세를 관철시킴으로써 종업원의 자발성을 높이고 자기 관리를 위해 노력하게 만드는 데서 오구라 사장의 경영특성을 찾아볼 수 있다.

바꾸어 말하면 주류파라거나 비주류파 등이 형성되는 프로세스는 정보 및 커뮤니케이션의 편중에 그 원인이 있다는 것이다. 오구라 사장은 그런 것을 초월하여 현장이 자발적으로 움직이는 체제를 확립하기 위해 강력한 경영이념의 구축을 지향해왔다.

택배사업에 참가할 때까지의 결단 프로세스

오구라 사장은 대량유통을 실현시킴으로써 운송업계도 대폭으로 확대되었기 때문에 축소균형을 영구히 지속한다면 기업의 존재가 부정된다는 지론을 가지고 있었다. 그래서 확대균형을 도입, 적극적으로 영업확대를 도모하여 종합물류업자가 될 것을 지향했다. 그러나 이와 같은 다각화전략이 장벽에 부딪히면서 야마토 운수는 위기에 직면하게 되었다.

여기서 오구라 사장이 강조하는 '역전의 발상'에 대해 살펴보도록 하자.

야마토 운수는 상업화물 시장에서 개인택배 시장으로, 즉 굴뚝에서 부엌으로 서비스 내용을 전환시켜 다각화와는 정반대인 택배사업을 벌임으로써 개인을 대상으로 삼는 서비스로 특화시키게 되었다.

개인을 대상으로 삼는 수송시장은 화물수송과 개인수송으로 나뉜다. 화물수송은 주로 이사를 담당하는데, 여기에는 수많은 업자들이 참가하는 데 반해 개인수송은 우체국뿐이었다. 게다가 당시 우체국의 소포는 화물이 도착할 때까지 보통 4, 5일씩 걸리는 것이 일반적이었다. 하지만 우체국은 전국에 약 5천 개의 강력한 네트워크가 형성되어 있고, 기존의 이권까지 움켜쥐고 있기 때문에 민간업자가 끼여들어 수익을 올리기는 어려울 것처럼 보였다.

즉 경합하는 대상은 우체국이며 개인을 대상으로 하는 배달은 우체국에서 담당하는 것이 당연하다는 기존의 개념을 분명하게 인식한 것이다. (싱크포인트 1 : 기초 인식을 확실히 한다)

이와 같은 기존의 개념 때문인지 개인 수송 분야에는 트럭업자들이 전혀 참가하지 않는 상황이었다. 언제 어느 곳의 가정에서 짐을 부칠지(발주) 알 수 없고, 어디로 갈 것인지 예측할 수도 없으며 시장 규모가 어느 정도인지도 알 수 없었기 때문이다.

그 당시 미국에서는 유나이티드 파셀 서비스(UPS)가 우체국과 경쟁하며 개인수송을 시작하고, 우체국을 크게 웃도는 서비스를 진행하고 있었다. 이와 같이 미국에서 성공한 사업이 일본에서 성공하지 못할 리 없다고 생각한 오구라 사장은 자신이 보유한 능력을 세밀하게 검토하기 시작했다. (싱크포인트 1 : 기초 인식을 확실히 한다)

당시 야마토 운수는 수도권에서의 백화점 배송업무로 압도적인 시장점유율을 자랑하고 있었다. 백화점에서는 각 지역에 집하장을 설치하여 배송을 야마토 운수에 위탁했는데, 이런 시스템은 야마토 운수의 큰 자산이자 능력이기도 했다. 또한 전쟁 전에 운송회사의 리더였다는 점 때문에 업계 내부에서의 인지도가 매우 높은 편이고, 백화점 배송업무를 통해 최종 소비자인 일반 고객에게도 야마토 운수의 이름은 널리 알려져 있었다.

이와 같은 평판이 종업원의 의식에 반영되어 조합의 질도 매우 높았다. 즉 기업조직의 기반인 인적자원은 확실하게 갖추었다고 할 만했다.

이러한 '기초 인식'을 바탕으로 오구라 사장은 개인택배 시장에 뛰어들 결심을 하게 되었다. 채산성이 있을지 없을지는 아무도 알 수 없는 상황이었다. 그러나 새로운 구조, 시스템을 정비한다면 택배사업은 반드시 채산성을 올릴 수 있을 뿐 아니라 미국의 UPS사와 같은 기업으로 성장시켜 영구적으로 엄청난 이익을 올릴 수 있다는 확신을 갖게 되었다.

그러나 야마토 운수의 임원들은 모두 반대하였고 찬성하는 사람은 사장 단 한 명뿐이었다. 하지만 노동조합이 진지하게 생각해 보겠다는 자세를 보여주었다. 이는 오구라 사장의 성실한 인품에 대한 선물이라고 말할 수도 있지만 노사의 신뢰기반이 구축되어 있었다는 점이 무엇보다 큰 영향을 끼친 것이다. 그래서 오구라 사장은 새로운 사업의 컨셉, 즉 디자이어(자신이 갖추어야 할 모습)를 '택배개발요강'으로 직접 제안했다.

'택배개발요강'의 기본적인 사고방식

일본의 경영관리자는 책임정신이 결핍되어 자신의 사고력을 믿지 않고 부화뇌동적인 사고와 행동을 취하는 경향이 강하다. 어떻게 되겠지 하는 식으로 뒤로 미루는 사고방식 때문에 스스로 결단을 내리지 못하는 경우가 많은 것이다. 최근 들어 일본 기업이 현저한 쇠퇴를 보이는 이유는 바로 이런 점에 원인이 있지 않을까?

그런 면에서 볼 때 오구라 사장의 '택배개발요강'에 따른 제안은 매우 명확하여 현재의 기업과 조직에도 효과적이라고 여겨진다. 그래서 그대로 인용해 보기로 한다.

(1) 불특정다수의 화주 또는 화물을 대상으로 삼는다.

택배 개발은 상업화물 수송시장을 벗어나 시민생활에 뿌리를 내린 개인끼리의 화물수송 시장으로 전환하는 것을 기본으로 삼고 있다. 이는 대상인 시장을 불특정다수의 개인으로 특화하는 것을 전제로 하여 영업방식을 근본적으로 바꾸려는 시도이다.

(2) 수요자의 입장에서 생각한다.

지금까지 트럭 운송업자는 일반적으로 특정 하주에게 전속되어 있어 불특정다수의 시장을 대상으로 삼은 적은 없었다. 불특정다수를 상대하게 되면 경영 수법도 바뀔 수밖에 없다.

앞으로 야마토 운수의 영업 담당자와 이용자의 직접적인 접점은 완전히 사라질 것이다. 새로운 시장이 무엇을 어떻게 생각하고 어떤 요구를 하는지 알려면 이용자의 입장에서 생각하는 수밖에 없다. 그래서 마케팅 수법을 도입하려는 것이다.

(3) 남보다 뛰어나면서 균등한 서비스를 확보한다.

새로운 시장에 새롭게 참가하여 불특정다수의 고객이 이용하도록 하려면 경쟁상대(기본적으로는 우체국의 소포)보다 우수한 서비스를 제공할 수 있어야 한다. 그렇다고 이쪽의 형편에 맞게 손쉬운 서비스만을 제공할 수도 없다. 이용자가 적은 지역까지 포함하여 균등하게 우수한 품질의 서비스를 제공하는 것이 바람직하다.

상업화물 시장에서 일할 때 주로 대하는 상대는 기업이나 도매상의 출하담당자이다. 그들은 물류에 대해 잘 알고 있으며 어떤 장소로 우송하려면 며칠이 걸린다거나 가까운 장소는 운임이 싸고 먼 장소는 비싼 것이 당연하다고 생각한다.

반면에 일반 개인, 특히 가정주부는 도시의 소재지 등 일본 지리를 잘 모르기 때문에 어느 곳이 가깝고 어느 곳이 먼지 쉽게 판단하지 못한다. 따라서 택배 속도나 요금을 균일하게 하지 않으면 납득시키기 어렵다.

짐을 꾸리는 방법에 있어서도 주부들은 지식이나 자재를 갖춰둔 경우가 거의 없기 때문에 필요에 따른 대응을 기대하기 어렵다. 이런 경우에는 기존의 상업화물을 대상으로 삼았을 때와 달리 발상을 전환하여 서비스 방식을 백지로 되돌려야 한다.

(4) 영구적·발전적 시스템으로 도입한다.

택배와 같은 새로운 사업에는 광역적인 네트워크의 구축이 필요하다. 하지만 즉시 실행하기는 어렵기 때문에 시간을 들이고 꾸준히 노력하여 전국적인 네트워크로 만들어야 한다.

(5) 철저한 합리화를 도모한다.

택배는 손이 많이 가는 일이다. 비용을 많이 들이거나 평범한 사고방식으로 진행한다면 적자는 불을 보듯 뻔하다. 야마토 운수를 위기에서 벗어나게 하려고 시작한 일에서 적자가 발생한다면 그야말로 어이없는 일이다. 따라서 비용을 줄이는 노력을 해야 한다. 그러기 위해서는 업무방식을 철저하게 합리화시켜야 하며, 특히 사무작업을 간소화시켜야 한다.

이상의 모든 항목을 볼 때 어디까지나 소비자의 관점에 서 있음을 알 수 있다. 특히 (3)의 '남보다 뛰어나면서 균등한 서비스를 확보한다'는 제안에서는 시장에 대한 오구라 사장의 섬세하면서도 확실한 인식이 잘 나타나 있다.

오구라 사장은 야마토 운수가 지금까지 존재할 수 있었던 발판 및 자사의 장점을 냉정하게 분석하고 있다. 여기서부터 앞으로의 전략을 추진해가는 '모빌엔진', 즉 전략기동력을 정확하게 활용한 것이다.

앞에서도 언급했지만 사업의 높은 침투도, 사원의 높은 질, 노동조합과의 좋은 의미에서의 긴장관계 등이 전략기동력으로서 뒷받침해 주었다는 점은 굳이 지적할 필요가 없을 것이다.

나아가 수도권에서 압도적인 시장점유율을 보유한 백화점 배송의 노하우도 장점이 되었다. 최종소비자(개인 고객)와 밀착된 백화점 배송 시스템과 미국 UPS사의 시스템이 잘 맞물려 있었던 것이다. 이것들은 오구라 사장의 머리 속에 선명하게 영상화되어 있었다.

커뮤니케이션이야말로 모빌엔진

오구라 사장은 사원과의 커뮤니케이션이야말로 새로운 시장과 서비스를 확립하기 위한 모빌엔진이라고 덧붙였다.

그는 사원에게 기업의 목적, 달성해야 할 성과를 목표로 제시하여 시간적인 제약을 설명한 뒤 전략으로서의 회사 방침을 구체적으로 제시했다. 그렇게 하면 사원 전원이 의욕을 느끼고 주어진 일을 자주적이면서도 자율적으로 실행하여 성과를 달성할 수 있다고 확신한 것이다. 일상의 사소한 업무도 각자가 연구하여 생각하면 충분히 해결할 수 있다고 자신있게 말하기도 했다.

여기서 엿볼 수 있는 점은 사람이 어떤 일을 명확하게 이해하면 저절로 행동으로 옮긴다는 행동심리학의 기본을 오구라 사장이 숙지하고 있었다는 것이다. 실제로 사람의 심리는 세밀한 지시를 받으면 불쾌한 감정을 느끼고 자주적으로 일하면 의욕을 느끼게 마련이다.

인사제도 역시 화이트칼라와 블루칼라를 일체화하여 철저하게 조직의 평면화를 실행했다. 당시 대부분의 일본 기업이 피라미드 조직으로 이행되고 있을 때 오구라 사장은 정반대의 결단을 내린 것이다.

평면화의 장점은 바람직한 커뮤니케이션을 도모할 수 있다는 점이다. 조직이 자가증식하여 비대화하면 조직 자체를 유지하기 위해 될 대로 되라는 식으로 관료주의에 빠지기 쉽고, 현실적으로 일본의 대부분 조직은 그런 상태에 빠져 있다. 그러나 오구라 사장은 조직에 커뮤니케이션의 중요성을 침투시켰다. 그리고 노동조합과의 관계에서도 회사와 조합은 운명공동체라는 점을 이해시키기 위해 노력했다.

오구라 사장의 이런 행동은 제1장에서 설명한 바와 같이 결단에 이르는 '전략적 사고', 즉 다음과 같은 사고와 합치된다.

- 회사의 현상을 올바르게 분석한다.

    →기초 인식을 확실히 한다.

- 무엇을 중점적으로 다루어야 하는지 선택한다.

    → '디자이어, 즉 자신이 갖추어야 할 모습'을 명확히 한다.

- 그것을 논리적으로 설명한다.

    →모빌엔진을 밝혀낸다.

여기서 모빌엔진이란 인적자원인 사원과 노동조합, 높은 지명도(브랜드), 백화점 배송(노하우), 커뮤니케이션의 활용, 오구라 사장의 사고방식 등을 가리킨다.

기업 조직의 호순환

이러한 모빌엔진들에 의해 목표로 삼은 골의 방향 설정이 지금까지 아무도 참가하지 않은 택배시장이라는 '새로운 시장 창조'였다.

새로운 시장을 만들어 성공할 경우 다른 회사가 참가하는 것은 당연한 일이다. 트럭 수송도 전쟁 전에는 일본 제일의 수송회사로 전력을 기울였지만 결국 뒤처졌다는 사실을 몸소 체험한 오구라 사장은 여기서 택배를 시작한 지 5년 뒤 취급개수 3천만 개를 달성, 다른 회사와의 새로운 경쟁에서 승리를 거둔다는 명확한 골을 설정한 것이다. (싱크포인트 4 : 골을 설정한다)

이러한 골은 기업조직의 호순환을 실천해야 결과적으로 도달할 수 있다. '호순환'의 흐름은 다음과 같다.

영업 운전자의 질 높은 서비스로 실적을 올린다.

↓

실적이 올라가면 주가가 올라간다.

↓

주가가 높은 수준을 유지하면 자금 조달이 수월해진다.

↓

자금이 풍부하면 현장에 새로운 설비를 도입하여 작업효율을 올릴 수 있다.

↓

작업효율이 올라가면 비용이 내려가고 경쟁력도 증가하여 수입이 늘어난다.

↓

수익 증가 (골)

↓

수입이 증가하면 실적을 올린 영업 운전자에 대한 서비스도 질적으로 향상된다.

골을 향한 코스

오구라 사장의 결단 이후 야마토 운수라는 조직이 어떤 식으로 골을 달성했는지 살펴보기로 하자.

1976년 1월 23일, 오구라 사장은 택배 영업을 시작하면서 라이벌인 우체국 소포와의 차별화를 강화하는 일이 시급하다고 느꼈다. 그러기 위해서는 배달에 3, 4일이 걸리는 우체국 소포와는 달리 야마토 운수는 바로 그 다음날에 배달할 수 있어야 했다. 오구라 사장은 이와 같은 익일배달을 전국 방방곡곡에 실시하는 것을 목표로 삼았다.

또한 사업 개시와 동시에 화물의 추적관리 시스템인 'NECO 시스템'을 활용하여 시스템의 정밀도와 편리성을 한 단계씩 향상시키면서 계속 개선해 나갔다.

여기서 주목해야 할 점은 기본적으로 야마토 운수의 모든 사원이 생각하고 만들어낸다는, 현장에서의 사고(思考) 생산이 실행되었다는 점이다.

조직의 운명은 그 조직이 생각하는 집단인가에 따라 달라진다고 해도 지나치지 않을 것이다. 생각하는 집단으로 전환할 수 없어 몰락하는 기업도 꽤 많다. 과거에 명성을 떨치던 기업이 사고력 결여로 인해 세상에서 사라져 버리는 일이 허다한 것도 오늘의 현실이다.

야마토 운수의 택배가 소비자에게 알려지면서 순조롭게 매상도 신장, 1978년에는 연간 1천만 종을 다루게 되었고 1980년에는 연간 목표였던 3천만 종을 달성함으로써 손익분기점을 넘어섰다.

이것을 본 트럭 운송업체 35개 사가 벌떼처럼 택배사업에 뛰어들었다. '펠리칸편'의 일본통운, '캥거루편'의 세이노 운수, '푸트워크편'의 일본운송(1990년 푸트워크 익스프레스로 개칭. 2001년 민사재생법을 신청) 등 마치 동물들의 치열한 경쟁을 연상시키는 상황이 연출되었다. 그리고 1984년에는 마침내 택배사업이 취급하는 화물이 우체국 소포를 웃돌아 그야말로 새로운 시장을 창조하게 되었다.

택배사업은 지금까지 존재하지 않았던 사업으로, 시장의 창조라는 관점에서 보면 매우 어렵고 긴 시간과 막대한 에너지를 필요로 한다. 그런 어려움 속에서 한 사람의 리더가 정보를 바탕으로 심사숙고한 끝에 결단을 내린 결과, 새로운 사회상이 될 정도로 발전하게 된 것이다.

이것은 '조직'과 '시장의 창조' 없이는 달성할 수 없었던 일이다. 즉 조직에서는 필요한 자원을 찾아내거나 제도를 정비함으로써 새로운 사업에 대한 사원들의 불안을 제거하여 그들을 자율적으로 생각하는 사원으로 전환시켰고, 시장에서는 소비자의 인식을 새롭게 하는 한편 서로 개선방안을 제안하는 관계를 만들었다.

오구라 사장은 이런 조직과 시장을 완성하는 데 자신이 가지고 있는 모든 능력을 쏟아부은 것이다. 그야말로 전략적 사고에 바탕을 둔 결단이 낳은 선물이라 할 수 있다.

일본에서 불세출의 경영자로 칭송받는 오구라 사장은 경영자의 자원에 대해 다음과 같이 이야기했다.

"경영자에게는 논리적 사고와 높은 윤리관이 필요하다. 경영은 논리의 축적이다. 따라서 논리적 사고를 할 수 없는 사람은 경영자가 될 자격이 없다."

야마토 운수의 오구라 사장이 행한 결단 프로세스를 살펴보면 자신이 가장 잘 아는 정보에 바탕을 두고 심사숙고하여 결단을 내린 것이 좋은 결과를 가져왔음을 알 수 있다. 이와 똑같은 결단을 내릴 수는 없다 해도 정보를 정리하고 그것을 근거로 무엇을 해야 할지 명확히 판단할 수 있다면 결단을 뒤로 미루는 일은 없을 것이다.

Practice

실천편

직접 결단을 내려본다

프롤로그

결단의 품질이 항상 일정한 결단의 프로페셔널

우리는 비즈니스나 일상 생활을 하다가 어떤 문제에 직면했을 때 가장 바람직한 결단을 내리기를 바라면서도 결국 실행에 옮기지 못하고 문제를 미룰 때가 많다.

끊임없이 흘러들어오는 무의미한 정보, 뜻밖의 새로운 문제, 전임자가 처리하지 못하고 남겨 놓은 문제, 진행 도중에 중지된 채 아무도 담당하려 하지 않는 문제, 앞으로 대책을 강구해야 할 장래의 위협이나 기회 등 이런 요인들을 생각하다 보면 자기도 모르게 주저하게 된다.

우리의 일상 또한 혼돈에 휩싸여 있고 막연하기만 하다. 어디부터 손을 대야 좋을지, 무엇과 무엇이 연결되어 있는지, 어떤 것을 먼저 처리해야 할지 갈피를 잡는 것조차 어렵다. 그러다 보면 어떤 상황에 부닥쳤을 때 적잖이 당황하게 되고 사실을 정확하게 파악해야 한다는 것조차 잊어버린다.

이렇게 주저하게 되는 가장 큰 원인은 결단에 이르기까지 어떤 프로세스가 있다는 점을 깨닫지 못하기 때문이다. 일상적으로 접하는 문제에 결단의 프로세스를 사용한다면 빠르고 확실하게 결단을 내릴 수 있는 첫 걸음이 될 것이다.

특히 비즈니스 세계에서는 끊임없는 결단이 요구되며, 명확한 결단의 프로세스를 갖추었는가 그렇지 않은가에 따라 우열과 승패가 정해진다.

필자는 지금까지 수많은 비즈니스 현장에서 결단이 어떤 식으로 실행되는지 관찰해왔다. 물론 수많은 비즈니스맨은 자신에게 주어진 일을 성실하게 처리한다. 하지만 업무의 전체적인 틀을 막연하게 인식하거나 자신의 업무가 주위에 어떤 효과를 미치는지 명확히 이해하지 못하기 때문에 대부분 확고한 자신감이 없다. 따라서 중대한 국면에 처해 결단을 내려야 하는 상황이 되면 주로 상사의 명령에 의지하게 된다. 결단을 미룬다는 지적을 피하기 위해 또는 우유부단하다는 질책을 피하기 위해 정신주의를 주장하는 경우도 간혹 엿볼 수 있다.

이러한 사람들 틈에서도 매우 유능하여 실적을 착실하게 올리는 이들이 바로 결단의 프로페셔널이다.

그들은 자신을 비롯한 다른 사람들에게 적절한 질문을 던짐으로써 필요한 정보를 재빨리 정리한다. 또한 현재 무엇이 문제인지, 누가 적임자인지, 언제 누구에게 권한을 위임하면 되는지 잘 알고 있다. 더욱이 문제가 발생했을 때 빠르고 정확하게 우선 순위를 매기기 때문에 결단도 빨리 내릴 수 있다.

남들에게서 결단의 프로페셔널이라고 인정받는 사람들은 묘하게도 한결같이 위와 같은 행동을 취한다. 그렇기 때문에 환경이나 업무, 조직 등의 상황이 바뀐다 해도 대상이 바뀔 뿐 결단의 품질은 바뀌지 않은 상태에서 냉정하게 대처할 수 있다.

제2부에서 소개한 케네디나 오구라 사장은 일상적인 상황에서도 유사시와 같은 결단을 내렸을 테고, 그런 결단을 내릴 수 있었던 이유는 그들이 결단의 프로세스를 갖추었기 때문이다. 또한 그들의 결단 프로세스가 본질적으로 우수했으므로 자연스럽게 끊임없는 상상력을 펼칠 수 있는 것이다.

결단의 프로페셔널이 내리는 결단은 매우 정확하며, 따라서 우수한 결과도 낳게 마련이다. 일상적으로 요구되는 결단 역시 결단의 프로세스를 이해하면 지극히 자연스럽고 냉정하게 처리할 수 있다.

다섯 가지 자문자답

결단의 프로페셔널은 결단을 내릴 때 항상 다음과 같은 자문자답을 실행하여 자신의 결단을 검증, 보강한다.

직접 결단을 내려본다

- 무엇이 문제인가?

- 무엇 때문에 이런 결과가 나타났는가?

- 최선의 방책은 무엇인가?

- 장래에 문제는 없는가?

- 과연 달성할 수 있는 목표인가?

　제2장에서 설명한 바 있는 다섯 가지 자문자답, 그리고 각각의 자문자답과 관련 있는 네 가지 싱크포인트는 알아두면 누구나 실행할 수 있는 것들이다. 따라서 결단을 내릴 때의 비망록으로 이들을 이해하면 누구나 결단의 프로페셔널에 낄 수 있다.

　결단까지의 프로세스를 이해하고 정보를 정리하면 문제를 뒤로 미루는 듯한 우유부단한 태도에서도 벗어날 수 있다. 비즈니스나 생활상의 문제들 역시 주체적·자율적으로 자신의 생각을 명확하게 밝혀 일을 처리하다 보면 어느새 결단의 프로페셔널이 되어 있는 자신을 발견하게 될 것이다.

　자, 이제까지 내용을 제대로 인식했다면 실제로 결단을 내린 사례들을 살펴보기로 하자. 만약 당신이 사건의 당사자라면 어떤 결단을 내릴 것인지, 등장인물과 함께 생각하면서 읽어보기 바란다.

　현재 당신은 종합전기회사의 사원이다. 전에 일하던 곳에서 새로운 직장으로 옮겨 과장으로 승진까지 했다. 당신이 업무수행에 자신감을 갖게 될 무렵 담당하고 있는 관련회사와 심각한 문제가 발생했다. 매우 바쁘고 혼란스런 상황이다.

　이런 상황에서 무엇이 중요한지, 그것을 파악하여 어떤 결단을 내려야 좋은지 제2장에서 설명한 바 있는 상황 파악 프로세스를 중심으로 생각해 보자. (인명 · 회사명 · 단체명 등은 모두 가명임)

■ ■ ■

2월 21일 AM 8 : 46

　사무실에 출근한 오노다(32세)는 책상에 앉자마자 컴퓨터를 켠 뒤 비밀번호를 입력했다. 시간이 지날수록 주위는 출근한 사람들로 인해 점차 소란스러워졌다.

　사내 메일을 체크하다 보니 조금 전에 들어온 메일이 눈에 띄었다. 판매촉진 부장인 다니구치가 보낸 메일이다.

　"오늘 오후 2시, 회의실 A-2에서 유니언 전기와 관련된 회의를 개최할 예정이니 반드시 참석하도록."

　회의에 참석하라는 명령이다.

　오노다가 근무하는 치요다 전기는 종합전기회사의 대표적인 기업 중 하나이며 대기업인 D그룹의 핵심기업이기도 하다. 그러나 3년 전 거액의 적자를 내어 현재 중대한 국면에 처해 있다. 최근 들어 대기업들이 힘없이 무너지는 상황인데, 치요다 전기도 그런 상황에서 벗어나지 못하는 것이다.

매상고가 높고 수많은 종업원을 고용한 대기업으로서는 사회적 책임 때문에 한꺼번에 대규모 인원 삭감을 실행할 수 없다. 미국 기업에서 보듯 장래에 수익성이 있다고 판단되는 사업을 싼 가격에 매수하고 돈이 되지 않는 사업은 매각하는 한편, 직원까지 잘라버림으로써 한층 더 높은 수익을 목표로 삼는 사례들을 일본 기업에는 좀처럼 적용시키기 어렵다. 따라서 일본의 경영자들은 과잉 설비와 과잉 고용, 수요 저조와 규제 완화, 그리고 거기에 따르는 경쟁 속에서 엄격한 경영을 하라는 요구를 받고 있다.

치요다 전기도 기본적으로는 경영구조의 개혁과 전략적 기능의 강화, 재무체질의 개선 등 회사 전체가 경비 삭감을 슬로건으로 내걸고 대폭적인 비용 절감을 도모해왔다. 또한 모든 권한과 책임을 사업본부에 위임하고 일상적인 처리에서의 속도감 있는 결단, 사내에서의 인재교류를 강력하게 추진하고 있다. 특히 공모제도를 실시해 젊은 인재 발탁을 주축으로 삼는 인사이동은 젊은 직원들에게 인기가 매우 좋아 조직활성화에 큰 공헌을 하고 있다.

오노다는 나가노 현의 반도체 제조공장 생산관리 부문에서 6년 동안 근무한 경험이 있다. 같은 일을 계속하는 데 질릴 즈음, AV

사업부의 스피커 담당과장 공모에 응시했다가 채용된 것이다. AV 사업부는 본사에 있어 그가 집에서 출퇴근할 수 있다는 점도 매력이었다.

치요다 전기에서는 '선택과 집중'을 슬로건으로 삼아 가능하면 적자사업을 정리하고 흑자사업을 강화하는 등 사업의 취사선택을 착실하게 추진하고 있다.

오노다가 일하는 반도체 사업부에서도 가격만으로 승패가 결정나는 DRAM(반도체)은 비용구조 측면에서 볼 때 매우 불안하기 때문에 부가가치가 좀더 높은 시스템 LSI에 집중하게 되었다. 잉여인원이 급격하게 증가하는 바람에 전출을 장려해야 한다는 점도 배경에 깔려 있었다.

AV 사업부는 비교적 안정된 시장점유율을 확보하고 있다. 일본계 기업이 철수한 해외 라인을 매수하여 고가격대 제품의 시장점유율은 현재 1위를 유지하는 상태이다. 그렇지만 사업부 내부의 이동에 의해 담당과장이 부족한 상황에 놓여 있었다.

오래 전부터 담당해온 오디오 부문의 스피커 제조는 최근 들어 시장 규모가 조금 작아졌지만(약 2백50억 엔) 국내에서 최고의 시장점유율을 자랑하고 있다. 오노다는 4개월 전에 그 부문의 담당과장으로 부임한 것이다.

그가 부임했을 때 사업부장은 다음과 같이 말했다.

"최근에는 분사·매수·매각·제휴·합병 같은 상황들이 갑자기 발생하곤 하지. 자네가 비록 젊은 나이에 발탁인사로 과장이 되었다 해도 겁먹지 말고 냉정하게 일을 처리하기 바라네."

오노다로서는 믿음직한 말이었다.

치요다 전기는 일찌감치 오디오 부문에 진출했기 때문에 스피커 업계에서는 이름이 꽤 알려진 업체이다.

3년 전 군마 현에서 자금난에 빠진 스피커 제조 및 판매회사를 매수하여(치요다 전기는 60퍼센트를 출자) 유니언 전기를 설립했는데, 현재 유니언 전기는 중급 스피커와 미니 컴포넌트를 자사공장에서 제조 판매하고 있다. 또한 치요다 전기의 후지사와 공장에서 제조하는 고급 스피커 '볼레로'(스피커의 걸작이라는 평가를 받고 있음)를 구입, 전국적으로 판매하고 있다. 유니언 전기는 앞으로 고급 스피커의 일부도 자사공장 내에서 제조할 계획을 세워둔 상태라 명실공히 스피커 시장의 거점이 될 것이라는 기대를 가지고 있다.

유니언 전기의 창업사장인 고이즈미는 지난 3년 동안 매상, 이익 면에서 모두 계획대로 목표를 달성해왔다. 그 때문에 약속한 것은 반드시 달성하는 좋은 동업자를 얻었다는 평가를 받는 한편, 좀더 융통성과 적극성을 가져야 한다는 의견이 AV 사업부 안에서 나오고 있다.

오노다(스피커 담당과장. 이하 오노다) : 부장님, 어제 메일로 보고 드린 대로 유니언 전기의 매입부장에게서 2월, 3월의 각 월말에 당사가 유니언에 출하예정인 '볼레로'의 제품출하를 중지해 달라는 연락이 들어왔습니다. 현재 유니언 전기와 유니언 전기 제품을 판매하는 대리점의 창고에 재고품이 가득 차 있기 때문이랍니다.

다니구치(판매촉진부장. 이하 다니구치) : 그래? 갑작스런 요구로군. 그런데 모든 제품에 대해 2개월 분이나 중지해 달라는 것인가?

오노다 : 잘 아시다시피 볼레로에는 볼레로 1형에서 4형까지 네 종류가 있는데, 그 중에서 '마크Ⅱ'로 불리는 4형만은 예정대로 출하해도 좋다고 합니다. 그러니까 모든 제품에 해당한다고 말할 수는 없죠. 하지만 마크Ⅱ는 전체 출하량 중에서 기껏해야 7, 8퍼센트 정도니까 결과적으로 92-93퍼센트의 출하가 중지된 것으로 볼 때 2개월 동안 거의 모든 제품의 출하가 중지된 거라고 말씀드릴 수 있습니다.

다니구치 : 이해할 수 없어. 대체 어떻게 된 거야? 자네도 알고 있겠지만, 지난달까지는 볼레로 1형에서 3형까지 정신없이 출하를 요구하는 바람에 우리가 지난 반 년 동안 수출 그룹과 절충해서 수출물량의 20퍼센트를 유니언에 융통해주지 않았나? 하지만 이런 태세로는 제대로 대응할 수 없다는 생각에 사업부장에게 부

탁하여 본사에서 10억 엔의 긴급예산을 받아 후지사와 공장에 증산을 위한 설비투자도 실시했어. 그 결과 볼레로 네 종류는 50퍼센트 이상의 증산이 가능해졌고, 이번 달 말에는 수출용을 포함해 유니언에서 요구하는 출하량을 웃도는 제품을 만들어낼 수 있게 되었지. 그 때문에 대리점에 대한 판촉활동, 광고선전을 포함한 프로젝트 팀을 따로 만들어 가동시키기도 시작했잖아.

오노다 : 제가 생각하기에 2개월 분의 출하중지를 요청한 것은 유니언과 각 대리점에 적어도 2개월 분의 재고가 발생했다는 뜻이라고 봅니다. 제가 담당과장으로 발령받고 나서 유니언 전기에 인사를 하러 갔다가 내친 김에 두세 군데 대형 대리점을 돌아보았는데, 그 당시에는 재고가 거의 없었습니다. 저와 동행한 전임과장도 유니언에서는 일반적으로 대리점 재고를 포함하여 1개월 분을 관리하고 있다는 점을 확인해 주었습니다.

다니구치 : 이제 와서 후지사와 공장 쪽에 생산을 중단하라고 얘기할 수도 없고, 정말 난처하군. 후지사와 공장 창고에 있는 이번 달 출하량은 어떻게든 처리해야 돼. 하지만 지금부터 수출 대상을 타진해서 늘린다는 것도 불가능하고, 유니언에는 두 달 전부터 재고가 넘친다고 하니 정말 사면초가로군. 예정대로 유니언에서 물량을 받아주지 않으면 달리 방법이 없단 말야. 이번 일은 재고처분이 문제가 아니라 자칫하면 문책사유가 될 수도 있네.

오노다 : 저도 지난달까지는 유니언 쪽에서 너무 재촉하는 바람

에 물량이 모자라면 어쩌나 하는 걱정만 했습니다. 그러다 보니 이렇게 갑작스런 중지 요구를 도저히 이해할 수 없습니다. 지나친 상상일 수도 있겠지만, 어쩌면 2개월 분이 아니라 3개월 분 정도가 재고로 쌓여 있을지도 모르지요. 왜 좀더 일찍 연락을 해주지 않은 것인지….

다니구치 : 지금 그런 불평을 할 때가 아냐. 유니언의 고이즈미 사장에게 전화해 보자고.

다니구치 : 고이즈미 사장님, 바쁘신데 이렇게 전화를 드려서 죄송합니다. 실은 결산 숫자를 계산해 보던 중에 유니언 전기의 3/4분기까지의 업적이 매우 양호해서 깜짝 놀랐습니다. 잘되면 당초에 설정한 목표를 충분히 초월해서 달성할 수 있다고 생각합니다. 나머지 4/4분기도 3/4분기와 마찬가지로 진행된다면 목표를 대폭적으로 초과달성할 수 있을 것 같아 상황을 확인하기 위해 전화 드렸습니다.

고이즈미(유니언 전기 사장. 이하 고이즈미) : 일부러 이렇게 전화까지 주시다니, 부장님이 걱정해 주시는 마음은 충분히 이해하겠습니다. 실은 이쪽에서 먼저 연락을 드려야 했지만, 시장 상황을 좀더 파악한 다음에 연락할 작정이었습니다. 부장님도 아시겠지만, 고급스피커 볼레로의 재고가 갑자기 증가했습니다. 저 자신도 이해할 수 없는 상황입니다. 회사 차원에서 볼레로를 출하하는 그룹을 분석해 보았더니 1월의 출하상황이 매우 나빴다는 사실을 알 수 있었습니다. 그래서 각 대리점에 문의해본 결과, 작년 12월 말 경부터 대부분의 대리점 재고가 갑자기 증가했다는 사실이 밝혀졌습니다. 이것은 저희도 미처 예상하지 못했던 상황입니다.

다니구치 : 고이즈미 사장님, 솔직하게 보고해 주셔서 감사합니다. 작년 11월 말부터 3/4분기를 겨냥한 보고서를 받았는데, 유니언 전기의 의욕이 매우 왕성하고 각 대리점에서의 제품출하 요청도 끊이지 않을 거라고 확고히 예측한다는 내용이 기록되어 있더군요. 사실 우리는 그 보고서를 근거로 생산체제를 재정비함과 동시에 작년 12월에는 생산라인에 설비투자까지 했습니다. 그 결과 이번 달부터 50퍼센트 정도를 증산 출하할 수 있는 태세에 접어들었습니다. 저도 솔직하게 말씀드리지요. 유니언 전기가 2개월 분의 볼레로 출하를 갑자기 중지해 달라고 하면 후지사와 공장에까지 어려움이 닥칠 수 있습니다. 자칫 잘못하면 우리가 책임추궁을 당할 가능성도 높고요.

고이즈미 : 죄송스런 말이지만, 설비투자로 증산태세를 갖춘 것은 사실 우리가 원해서 이루어진 일은 아니지 않습니까? 그 점은 분명히 해 두고 싶군요. 어쨌든 판매에 대해서는 최대한 지혜를 짜볼 생각입니다. 다음주 말에는 이쪽의 실정을 더욱 자세히 보고하도록 하겠습니다.

다니구치 : 알겠습니다. 다음주 말까지 기다리지요. 아무튼 대리점의 재고를 줄일 수 있도록 판매를 확대해서 이쪽의 출하량 가운데 1개월 분이라도 그쪽에서 받아주시기 바랍니다. 그리고 내친김에 고이즈미 사장님은 금년도 말까지의 상황을 어떻게 예측하시는지 대략적으로라도 말씀해 주실 수 있습니까?

고이즈미 : 작년 8월부터 12월까지의 매출 상황은 예상외로 순조롭게 이행되었다고 생각합니다. 고급 스피커 볼레로가 매달 계획 물량의 20퍼센트나 초과하여 확대판매가 이어진 덕분에 중급 기종인 시티사운드나 미니 컴포넌트도 꽤 잘 팔렸습니다. 이대로 가면 당초 계획했던 매출은 2월 중에도 충분히 달성할 수 있을 듯합니다. 매출은 그때까지 쌓아둔 성과로 그럭저럭 메울 수 있다고 생각되지만, 가장 큰 관심사는 영업이익을 확보할 수 있는가 하는 점입니다. 특히 작년 12월경부터 갑자기 볼레로 3형의 가격인하가 진행되고 있습니다. 작년 10월 시점과 비교해 볼 때 현재는 20퍼센트나 다운된 상태지만요. 중급 기종인 시티사운드나 미니 컴포넌트는 볼레로와 비교할 때 이익률이 낮지만, 그래도 당분간은 어떻게든 그것들로 메워보려고 생각중입니다. 다행히 볼레로 4형은 다른 볼레로 기종과 달리 가격 다운 현상이 발생하지 않고 대리점에 재고도 없기 때문에 중점 기종으로 확대 판매할 생각입니다.

다니구치 : 유니언 전기 안에서 고이즈미 사장님에 대한 신망

이 얼마나 두터운가는 익히 들어서 잘 알고 있습니다. 게다가 지난 3년 동안의 경영수완은 AV 사업부장을 비롯해 우리 모두가 감탄하고 있습니다. 그렇기 때문에 이런 사태가 오리라고는 저도 미처 예측하지 못했습니다. 이번 일은 매우 큰 변화이고 우리 모두에게 어려운 과제라고 생각합니다. 그러니 앞으로 더욱더 많은 노력을 기울여 주십시오. 가까운 시일 안에 제가 방문하든 사장님이 방문해 주시든 해서 함께 논의를 해보았으면 좋겠습니다.

고이즈미 : 별 말씀을…. 아무튼 이렇게 전화 주셔서 고맙습니다. 다음주 말까지 보고를 드리겠습니다. 안녕히 계십시오.

오노다 : 부장님이 통화하시는 내용을 옆에서 들으며 금년도 유니언 전기의 자료 중에서 영업 부문의 이번 분기 경영계획을 살펴봤습니다. 아무래도 다음과 같은 세 가지 주요 항목이 이번에 바람직하지 못한 상황을 발생시킨 것 같습니다.

• 매상 : 전년도 대비 30퍼센트 증가 달성
• 매상이익률 : 전년도 대비 5퍼센트 증가 달성
• 신규지역 확대

즉 유니언 전기의 영업실적으로 볼 때 금년 1월에는 해당 분기의 매상을 무난히 달성할 수 있을 것처럼 보였습니다. 그리고 판매점 체인 확대에 따라 신규지역도 자연스럽게 확대되었습니다. 즉 세 가지 주요 항목 가운데 두 가지는 거의 달성할 수 있다는 전망을 했기 때문에 나머지 이익률에 관심을 옮겨가지 않았겠습니까? 그것도 가능하다고 전망하여 다음 연도의 준비까지 미리 갖추어 둔 것이 아닌가 하는 생각이 듭니다. 유니언 전기는 고이즈미 사장의 독자적인 리더십이 상당히 많은 영향을 끼치기 때문에 관련사업이라고는 해도 전임과장 역시 많은 애를 먹었다고 하더군요. 솔직히 말해서, 지난달까지 빗발치듯 출하요청을 해오다가 갑자기 유니언을 비롯한 각 대리점의 재고가 증가했다는 것은 논리적으로도 이해하기 어렵습니다.

다니구치 : 나도 과거에 관련회사에 나가본 적이 있는데, 그때의 경험을 돌이켜봐도 자네가 생각하듯이 나쁜 의도가 있다고는 보지 않아. 우리와 연관 있는 다른 기업들과 비교해볼 때 유니언 전기가 특별히 애를 먹이는 것도 아니고, 나름대로 열심히 노력한다는 점은 높이 살 만하지. 하지만 지금보다 한층 더 노력해 주기를 바라고는 있다네. 이번 건도 우리 사업부와는 본사와 지사의 관계에 놓여 있으니까 앞으로의 결산관계를 생각해서라도 AV 사업부와 일체감을 가진 매니지먼트를 항상 염두에 두었어야 했던 거지. 즉 후지사와 공장에서의 증산태세를 위한 설비투자에 관해서도 이미 아는 일이니까, 자신이 담당하고 있는 대리점의 재고가 12월

말부터 쌓이기 시작했다면 그 점을 민감하게 포착해서 우리에게 좀더 빨리 연락을 취했어야 하는 거지. 적어도 지난달 중순까지만 보고가 들어왔어도 다른 방법을 찾아볼 수 있었고, 대응하기도 훨씬 수월했을 테니까 말야. 자네가 저쪽 영업부장이라면 당연히 그렇게 대응했을걸.

오노다 : 저는 아직 관련회사에 나가본 적이 없기 때문에 한 마디로 잘라 말할 수는 없지만, 제가 보기에 유니언 전기에 그런 기대를 하기는 어려울 것 같습니다. 하지만 자료를 점검하면서 방금 좋은 생각이 떠올랐습니다. 유니언 전기의 다음 분기 경영계획에는 매상예측 보고와 대리점의 재고량을 매달 말 AV 사업부에 보고하게 하고, 매상예측에 관해서는 앞으로 3개월 또는 6개월 분의 전망을 미리 보고하도록 하는 것이 어떻겠습니까? 지금까지 유니언 전기가 취해온 태도로 볼 때 이쪽에서 결정한다고 해서 그대로 실행해 주지도 않았으니까요.

다니구치 : 그것도 좋은 제안이긴 하지만, 그것만으로는 문제를 근본적으로 해결할 수 없어. 재고 문제는 어떻게 해결될지 모르지만 장기적인 관점에서 볼 때 앞으로 비슷한 문제가 계속 발생할 가능성이 높아. 그보다는 최근 AV 사업부에서 발족한 프로젝트 '서플라이 체인 시스템'에 유니언 전기를 개입시켜서 추진해 보는 것은 어떻겠나? 타이밍은 적당하다고 생각하는데 말야.

오노다 : 글쎄요, 어쨌든 프로젝트 팀과 빨리 협의해서 가능한지

어떤지, 만약 가능하다면 도입을 하는 데 가장 적합한 방안은 어떤 것인지 확인해 보겠습니다.

다니구치 : 참, 그러고 보니 자네 선배인 스즈키 군이 유니언 전기에 품질보증부장으로 나가 있지? 그런데도 그 친구는 이번 문제에 대한 보고를 전혀 하지 않았어. 대체 어떻게 된 거야? 자네는 그 친구에게서 메일을 받았나?

오노다 : 이번 문제에 대해서는 스즈키 선배로부터 아무런 연락도 받지 못했습니다.

다니구치 : 그 친구라면 유니언 전기가 AV 사업부의 자회사라는 사실을 잘 알 텐데, 지금처럼 AV 사업부에 정보가 필요한 상황에서 왜 아무런 연락을 하지 않는 건가? 자회사로 전근을 가면 다들 그렇게 하나?

회의실을 나와 데스크로 돌아온 오노다는 무엇이 문제인지, 미팅 내용을 곰곰이 되씹어보았다. 그러나 오히려 혼란스럽기만 할 뿐이었다.

이틀 후 판매촉진부장인 다니구치로부터 전화가 걸려왔다.

다니구치 : 그저께 미팅에서는 정말 수고 많았네. 사실은 갑자기 계약 문제가 생겨 내일 미국으로 출장을 가게 되었어. 예정은 1주일이지만 확실치 않아. 그래서 유니언 전기 문제가 걱정

스러워서 전화를 했다네.

오노다 : 출장이라니, 너무 갑작스런 일이군요. 저는 부장님과 의논을 해볼 생각이었는데….

다니구치 : 잘하면 유니언 전기의 보고가 들어오기 전에 귀국할 수 있을 것 같지만 확답할 수는 없네. 지금 당장이라도 유니언 전기의 고이즈미 사장을 이쪽으로 오게 해서 미팅을 가지고 싶은데 말야. 내 생각으로는 고이즈미 사장이 우리 AV 사업부의 방침을 따르는 경영을 해주었으면 좋겠어. 아무튼 이 문제에 대해서는 자네가 나 대신 상황을 이해하고 구체적인 과제를 밝혀서 우선 순위를 설정하도록 하게. 그렇게 하면 내가 귀국한 이후 즉시 행동에 옮길 수 있을 테니까 말야. 잘 부탁하네. 경과는 메일로 보내도록 하게. 메일 주소는 미국에 도착하면 곧바로 송신하지.

오노다 : 알겠습니다. 중요한 안건이니까 서둘러 착수하겠습니다. 미국에 도착하시는 대로 메일 주소를 보내 주십시오.

오노다는 즉시 정보를 정리하기 시작했다. 하지만 머리 속은 여전히 혼란스러운 상태였다.

일상적인 업무는 개별적인 정보가 들어올 때마다 거기에 대응해야 할 방안이나 대책이 틀에 박힌 듯 정해져 있기 때문에 혼란이 느껴지지 않는다. 하지만 막연한 상황일 때는 무의식적으로 자신이 흥미를 느끼는 부분만을 추구하기 때문에 중대한 문제를 놓치거나 즉각적인 결단을 내리지 못하여 혼란에 빠지기 쉽다.

그래서 오노다는 우선 문제점을 열거해 보았다. (싱크포인트 5 : 문제점을 열거한다)

치요다 전기의 경영자가 늘 강조하듯이 즉각적인 결단을 내리려면 빈틈이나 실수가 발생하지 않도록 해야 한다. 심사숙고 끝에 오노다는 중요한 문제로서 다음과 같은 네 가지 사항을 정리할 수 있었다.

① 볼레로 1-3형의 출하중지 문제
② 생산능력 증설에 따른 문제와 증산된 양의 처치
③ 유니언 전기에 대한 매니지먼트 스타일
④ 자회사에 나가 있는 스즈키에게서 아무런 보고가 없다는 점

오노다는 여기에 우선 순위를 매겨 보았다. (싱크포인트 8 : 우선 순위를 분명히 매긴다)
이것들을 살펴보면 역시 ①, ②가 중요도가 높다. 다니구치 부장은 ③의 매니지먼트 스타일에 관심이 높고 ④의 스즈키 대응도 마음에 걸리지만, 이 두 가지는 출하중지 사태가 발생했기 때문에

파생된 것으로 오노다가 볼 때는 중요성이 낮은 편이었다.

④의 스즈키 보고에 대해서도 생각해볼 때 자회사로 나가게 되면 기본적으로 그곳의 사원으로 법령을 준수한다는 점에서 자신이 소속된 조직의 정보를 함부로 내돌릴 수 없다는 것은 어떻게 보면 당연한 일이다.

따라서 오노다는 우선 ①, ②와 관련된 사실적인 정보를 밝혀 보았다. (싱크포인트 6 : 사실적인 정보를 중시한다)

①에 대해서는 가격 인하와 관련된 정보를 발견할 수 있었다.

②에 대해서는 증산의 설비투자가 완료, 제품 생산이 증가되었음을 확인할 수 있었다.

오노다는 모든 사실을 확실하게 조사한 뒤 12월 말부터 재고가 급증하게 된 원인을 조사해 보는 것이 가장 중요한 과제라는 점을 확신했다. (싱크포인트 7 : 과제화 한다) 현 시점에서의 영향이나 며칠밖에 남지 않은 출하시기 마감일을 생각하면 지극히 당연한 결론이었다.

마찬가지로 생산 증가에 따르는 잉여제품의 출하 대상 선정도 원인 규명이나 순위를 매기기 어려운 일이라고 생각했다. (싱크포인트 7 : 과제화 한다)

마침내 한순간의 여유도 없다고 판단한 오노다는 부장이 미국으로 출발하기 직전에 연락을 취해서 허가를 얻었다. 그리고 나서 원인을 규명해 보니, 양판점이 해외에서 판매하는 볼레로 1-3형을 대량으로 병행 수입하여 마니아를 대상으로 한 세일 상품으로 판매했기 때문에 가격인하 현상이 발생, 일반 대리점에 급격한 재고량이 쌓이게 되었다는 사실을 알 수 있었다.

유니언 전기가 시장에 관한 충분한 정보를 갖지 못했다는 점, 즉 AV 사업부의 마케팅 대응능력이 제대로 갖춰지지 않았다는 사실이 드러난 것이다.

■ ■ ■

오노다의 재빠른 움직임이 없었다면 다니구치 부장은 여전히 매니지먼트 문제에 집착했을지도 모른다. 그럴 경우 사태는 더욱 복잡해져서 시간만 낭비할 뿐, 시장에서의 혼란이 확대되어 문제해결은 더욱 어려워졌을 것이다.

결국 오노다는 상황 파악 프로세스를 실행에 옮김으로써 속도감 있고 적절한 결단을 내릴 수 있었다.

이와 같이 상황 파악 프로세스를 적용하면 여러 가지 문제에 적절한 해답을 얻을 수 있고 결단도 쉽게 내릴 수 있다. 앞에서도 설명했지만 상황 파악 프로세스는 다음과 같은 네 가지 싱크포인트로 구성되어 있다.

05 문제점을 열거한다.

06 사실적인 정보를 중시한다.

07 과제화(행동계획/액션플랜) 한다.

08 우선 순위를 분명히 매긴다.

위의 네 가지 싱크포인트는 연쇄작용을 일으키지만 반드시 순서를 따를 필요는 없다. 상황을 파악하는 데 모든 싱크포인트를 이용하여 결단을 내리려면 오히려 시간이 부족한 경우도 있기 때문이다.

그때그때 상황에 따라 각각 한 가지 싱크포인트를 이용하여 결단을 내리거나 또는 두 개의 싱크포인트를 조합시켜 결단을 내려야 할 경우도 있다. 상황을 봐서 나름대로 중요한 문제라고 판단했다면 모든 싱크포인트를 차례로 적용하여 결단을 내리는 것이 바람직하다.

막상 결단을 내려야 할 경우 아무래도 한정된 시간의 압박을 받다 보면 정보의 중요성을 미처 깨닫지 못한 채 직감이나 육감에 의지해서 결단을 내리려 하는 때가 있다. 조직을 움직이고 사람을 움직이는 비즈니스 세계에서, 그리고 정보가 넘치는 오늘날 같은 상황에서 결단 프로세스를 사용하지 않고 즉흥적인 결단을 내리는 것은 너무도 위험한 행동이다. 이럴 때는 너무 조급해하지 말고 싱크포인트를 하나라도 활용해 보는 것이 위험에서 벗어날 수 있는 바람직한 태도이다.

당신은 해외에 진출한 정밀기계회사의 태국 공장 제조라인 책임자이다. 여기서는 현지 사원들의 목소리에 귀기울여 일상적으로 발생하는 사소한 문제들을 해결해줌으로써 생산을 궤도에 올려 놓고 그 상태를 유지하는 일이 중요하다.

현장에서는 오늘도 문제가 발생했다. 당신은 어떤 식으로 처리할까? 원인 규명 프로세스를 주축으로 생각해 보자. (인명·회사명·단체명 등은 모두 가명임)

■ ■ ■

출근시간의 정체가 만성화되어 있다. 바로 눈앞에 공장이 있는 하이테크 공업단지 입구가 보이지만, 마사모토(29세)가 운전하는 자동차는 마치 제자리걸음을 하듯 꿈짝도 하지 않는다.

방콕 교외에 있는 MIC 정밀기계 태국 공장은 복사기를 생산하는 업체이다. 동남아시아에서는 몇 년 동안의 경제성장과 함께 복사기 수요가 계속 증가하는 상황이므로 MIC 정밀기계 역시 8년 전부터 태국에서 조업을 시작했다. 현재 본사에서 파견된 인원은 10명이 넘는다. 매상고로 보면 해마다 50퍼센트의 신장률을 확보하며 순조로운 흐름을 보이고 있다.

태국 공장을 건설할 때 공장장인 와다를 중심으로 어떤 공장을 지을 것인지 의논한 끝에 다음과 같은 세 가지 목표를 세웠다. 아래의 세 가지 목표는 이제 태국 공장의 이념이 되어 있다.

- 종업원들이 보람을 느낄 수 있는 공장을 건설한다.
- 품질에서 세계 최고를 지향한다.
- 세계에서 가장 적은 비용을 들이도록 한다.

이러한 목표가 종업원들의 이해를 얻기까지는 상당한 시간이 걸렸지만 이제는 그들도 의욕을 느껴 개선을 제안하는 등 활발한 활동을 보이고 있다. 품질 면에서는 여전히 부족한 점이 많지만 비용은 태국 내에서 손꼽힐 정도로 저렴하다.

생산확대와 함께 종업원 수도 급증했는데, 일반적으로 태국에는 일본처럼 노사간에 쌓아온 노사관행이 없기 때문에 노무관리 면에서 어려운 점이 많다.

MIC 정밀기계의 방침을 살펴볼 때 임금은 이곳에 진출한 다른 기업들과 비교해 중간 수준으로 억제해 왔으나 복리후생 문제에 관해서는 최선을 다하고자 노력하고 있다. 즉 일하기 편한 환경을 만들기 위해 가능하면 종업원과 많은 대화를 나누고자 노력하고, 그들의 요구에 응할 수 없을 때는 그 이유와 배경을 충분히 설명하기 위해 애써왔다.

그 결과 노사관계는 매우 양호한 편이다. 그러나 1년 내내 30도를 웃도는 열대지역의 기후와 풍토는 종업원들의 작업에 적지 않은 영향을 끼치고 있다. 즉 '신경쓰지 말자', '어떻게 되겠지', '편하게 생각하자'는 식으로 매우 낙천적인 적당주의가 깔려 있는 것이다. 그렇기 때문에 검사 공정의 경우 조금이라도 한눈을 팔면 어느 틈에 실수가 발생하곤 했다.

마사모토는 자원해서 태국 공장으로 전근을 오게 되었다. 그는 제조라인의 공정 분야에서 책임자로 일하며 매일매일 발생하는 제조상의 문제에 관여하고 있다. 그러나 여기서 발생하는 문제들은 정확한 정보를 갖춘 뒤에 보고되는 것이 아니다. 이것은 태국 공장뿐 아니라 일본의 모든 직장에서도 마찬가지이다. 따라서 마사모토는 업무와 관련된 여러 가지 애매한 정보를 즉시 정리한 뒤 필요한 정보를 명확히 가려 그때그때 적절한 결단을 내려야 한다고 마음먹고 있었다.

현재 복사기 생산은 판매가 순조로운 추이를 보이므로 절정기에 접어든 상태라고 말할 수 있다. 그 때문에 새로운 작업자를 라인에 투입하여 인원 증가를 도모하게 되었다. 그런 경우 업무에 익숙하지 않은 새로운 작업자들은 1, 2주일 전부터 조립라인에 배치되어 베테랑 작업자로부터 지도를 받게 되어 있다.

조립라인에서는 작업자가 라인을 따라 나란히 앉아서 각자 담당한 작업을 실시한다. 이곳은 조립라인을 따라 부품 종류가 빼곡히 쌓여 있어 주변 공간도 매우 협소한 편이다.

최근 들어 복사기 조립라인 작업은 전반적으로 순조로운 진행을 보이고 있다. 복사기는 아날로그 기종만을 생산, 판매하고 있다. 즉 고속 기종, 중·저속 기종, 가정용의 세 종류가 있는데 고속 기종과 중·저속 기종은 혼합 조립라인, 가정용은 단품 조립라인을 이용하기 때문에 통틀어 두 개의 라인에서 제조되어 왔다.

품질관리 면에서는 공장의 이념에 나타나 있듯이 엄격한 관리와 함께 모든 제품이 높은 수준의 최종검사를 받고 있다. 그 결과 작년에는 태국 공업성으로부터 '품질우수공장상'을 수상했고, 올해는 '안전위생우량공장상'도 수상했다. 이와 같은 연속적인 수상 덕분에 공장은 사람들이 찾아와 견학하는 모델 역할도 충실히 하고 있다. 마사모토 역시 책임자로서 현장의 정리정돈에 신경을 쓰고 품질유지에도 특별히 주의를 기울이는 편이다.

이 라인에서의 불량품 수는 일반적으로 0.5퍼센트 정도이지만 0.3퍼센트로 끌어내리기 위해 노력하는 중이다. 생산량은 현재 시점에서 1시간 당 고속 기종 70대, 중·저속 기종 1백30대, 가정용 2백30대로 정확히 생산 관리되고 있다.

기본적인 공정은 부품세정, 조립, 도장, 검사의 순서로 실행된다. 각종 프레임, 커버 및 그밖에 외주부품은 조립라인으로 옮겨지기 전에 정성스럽게 세정된다. 각 부품은 연속적으로 조립라인에 공급되어야 하므로 혼합 조립라인과 단품 조립라인에는 각각 네 개의 세정탱크가 설치되어 있다.

네 개의 탱크 중에서 두 개의 탱크를 사용하는 동안 나머지 두 개의 탱크는 사용이 끝난 세정액을 새로운 세정액으로 교환해 둔다. 이때 세정액은 30분 주기로 라인 옆에 있는 탱크에서 공급된다.

그런데 사흘 전에 사고가 발생했다. 부품을 적재한 화물차가 세정탱크의 밸브에 부딪히는 바람에 밸브의 손잡이가 파손되어 버린 것이다. 최근 들어 증산에 따른 반송횟수가 증가하는 상태여서 부품이 빼곡히 들어차 있었는데, 좁은 라인 옆을 지나다니다가 이런 사고가 발생하고 말았다. 사고 당시에는 즉시 예비 손잡이를 끼우는 것으로 대처했다. 하지만 다음날 작업자가 라인에 자리를 잡으려다가 바닥에 고여 있던 세정액을 잘못 디디는 바람에 미끄러져 넘어지면서 손목을 삐었다. 장기간에 걸쳐 이어지던 무사고 기록이 깨진 것이다.

사람들 대부분은 세정액이 샌 원인을 새로 갈아 끼운 손잡이에 있다고 판단했다. 세정액이 고여 있던 장소가 손잡이에서 약간 떨어진 장소였는데도 불구하고 그런 점은 감안하지 않은 판단이었다.

마사모토는 각 라인의 리더들을 불러모아 세정액이 바닥에 고이게 된 원인을 조사해 보도록 명령했다. 그러고는 다들 손잡이에 원인이 있다고 판단하는 데 의문을 품었다. 마사모토는 우선 차이를 명확히 해보기로 했다. (싱크포인트 9 : 차이를 명확히 한다)

그 결과 바로 옆에 있는 또 다른 탱크 역시 새로운 손잡이를 사용하고 있지만 세정액이 새지 않는다는 사실을 발견했다. 새로운 손잡이에는 아무런 문제가 없었던 것이다.

마사모토는 좀더 자세히 조사해 보기로 했다. 그 결과 화물차가 밸브에 부딪힌 탄력으로 라인 옆의 파이프 이음새가 느슨해져 있었는데, 그곳에서 새어나온 세정액이 파이프를 타고 흘러내려 바닥에 고였다는 사실을 밝혀냈다. 또한 라인 위에도 세정액이 얼룩져 있다는 사실까지 발견되었다. 결국 파이프 이음새를 원상태로 되돌리는 것으로 세정액 누수문제는 해결되었다.

얼마 후 품질보증 그룹으로부터 마사모토에게 새로운 보고가 들어왔다. 며칠 전부터 가정용 복사기의 불량률이 평소보다 높아져 현재 6퍼센트에 이르고 있다는 내용이었다. 복사기의 불량 내용은 도장 표면에 얼룩이 지는 것인데, 그것도 주기적으로 발생한다는 것이었다.

마사모토는 세정액 누수문제와 관련 있으리라는 생각이 들었지만, 속단은 피하고 지난번과 마찬가지로 우선 차이를 명확히 해서 정보를 정리해 보기로 했다.

사실은 작년에도 복사기 생산을 늘렸을 때 도장 표면에 얼룩이 지는 현상이 발생한 적이 있었다. 그때는 원인을 즉시 파악하지 못해 상당한 시간을 들여 조사한 결과, 도장용 페인트 납품업자가 성분이 다른 일부 제품에 같은 상표를 붙여 납품한 것이 원인이라는 사실이 판명되었다. 그 후 페인트를 들여올 때마다 검사를 엄밀하게 강화하는 것으로 문제를 수습했다.

이번에 발생한 복사기 표면의 얼룩현상도 같은 원인이 아닌가 하고 의심하던 사람들은 즉시 납품업자를 불러들여야 한다고 요구해왔다.

일반적으로 불량이 발생할 경우에는 그 원인이 외주에 있다고 속단하는 경향이 있다. 따라서 눈앞의 현장을 제대로 인식하기 위해 노력하지 않고, 원인으로 예측되는 쪽으로 갑작스럽게 건너뛰어 버리는 것이다. 하지만 마사모토는 과거의 실례·경험·예감·선입견에 얽매여 원인을 파헤치는 노력 없이 무사안일하게 결단내리는 것을 경계하고 있었다.

따라서 일단 라인의 리더들을 불러모아 질문을 던져 보았다. 그 결과 품질보증 그룹이 말하는 '불량률의 이상'을 '가정용 복사기의 얼룩현상'으로 바꾸고(싱크포인트 9 : 차이를 명확히 한다), 구체적으로 원인을 규명해야 할 대상을 모든 이들이 이해할 수 있도록 정보를 정리해 나갔다.

우선, 문제가 발생한 것은 가정용 복사기이다. 또한 같은 상태에서 생산하는데도 고속 기종과 중·저속 기종은 불량이 발생하지 않고 있다. (싱크포인트 10 : 정보를 재빨리 정리한다)

이처럼 문제가 발생했다는 '발생 정보'와 문제가 발생할 가능성이 높은데도 발생하지 않았다는 '미발생 정보'를 '무엇이', '어디에서', '언제', '어느 정도'라는 네 가지 영역으로 정리하자 증산 이후의 생산대수 차이가 선명한 특징으로 부각되었다. (싱크포인트 11 : 정보의 품질을 확인한다)

결국 생산량 증가로 인해 세정탱크를 통과하는 복사기의 수가 증가했는데도 세정액의 교환시간은 여전히 30분에 머물러 있기 때문에 세정액의 세정능력이 떨어져 얼룩이 지는 현상이 발생했다는 사실이 판명되었다. (싱크포인트 12 : 가정한 원인을 정보로 검증한다)

각 라인의 리더들은 체계적인 정리방식을 통해서 빠른 시간 안에 원인을 찾아내는 마사모토의 문제 해결 방식에 한결같이 놀라워했다.

문제 발생의 원인인 세정액의 양과 교환시간을 연장하기로 결단을 내린 결과, 복사기의 도장 표면에 얼룩이 지는 현상은 사라졌다. 그 후 각 라인의 리더들은 먼저 차이를 명확히 한 다음, 정보를 정리한다는 방식을 익히게 되었다.

비즈니스를 한 마디로 표현하면 바람직하지 못한 상황이 연속적으로 펼쳐지는 세계라고 말할 수 있다. 따라서 문제의 원인을 명확히 하여 필요한 최소한의 경비로 대책을 강구하도록 결단을 내려야 한다.

우리는 흔히 바람직하지 못한 상황이 발생했을 때 그 원인을 밝히기 위해서는 경험이 가장 좋은 스승이라고 생각한다. 그래서 과거의 경험에 비추어 함부로 원인을 단정해 버리거나 시간을 벌기 위해 어떤 대책을 마련하지만, 진짜 원인을 알아내지 못하면 다음에 똑같은 상황을 되풀이하기 마련이다. 이것은 위험요소와 비용의 증대라는 손실을 가져와 비즈니스 세계를 뿌리째 뒤흔들기도 한다. 따라서 즉시 원인을 밝혀내어 적절한 대책을 세우려면 원인 규명 프로세스를 활용하여 문제를 해결하는 결단력을 강화해두어야 한다.

원인 규명 프로세스는 다음과 같은 네 가지 싱크포인트로 구성되어 있다.

09 차이를 명확히 한다.
10 정보를 재빨리 정리한다.
11 정보의 품질을 확인한다.
12 가정한 원인을 정보로 검증한다.

마사모토는 본사의 품질보증부에서 근무할 때 상사로부터 원인 규명 프로세스를 철저히 배울 수 있었던 점을 진심으로 고맙게 생각하고 있다. 이러한 프로세스를 익혀둔 덕분에 자기도 모르는 사이 날카로운 질문을 던질 수 있는 능력을 갖추게 되었기 때문이다.

일, 육아, 부모님 부양 등의 책임을 한몸에 지고 있는 당신은 최근 들어 회사 · 일 · 사회의 가치관이 변함에 따라 혼란에 빠져 있다. 앞으로의 인생을 내다볼 때 무엇을 선택해야 하고, 그것을 어떤 식으로 실현시켜 바람직하게 유지하고 운영할 것인가? 그리고 결단은 어떻게 내려야 하는가?

장래 분석과 실시 분석의 프로세스를 주축으로 생각해 보자. (인명 · 회사명 · 단체명 등은 모두 가명임)

■ ■ ■

만원전철 안에서 문득 눈의 초점을 맞추어 보자, 사람들에게 밀려 비스듬히 기울어진 자신의 모습이 정면 유리창에 비친다. 전철 밖을 내다보니 마침 철교를 통과하는 중인지 교각 사이로 어슴푸레한 강물이 보인다. 시계는 오후 10시를 지나고 있다.

퇴근길의 전철 안에서 구메 에이사쿠(38세)는 자기만의 생각에

잠겨 있다.

"전근한 지 두 달. 이제 겨우 본사로 돌아와 영전이라고 축하를 받고 있지만 사실은 엄청난 특명을 담당하게 되었어. 일류기업에 근무하며 다른 사람들이 부러워할 만한 우대를 받고 있다는 점에서는 솔직히 기분 나쁘지 않지만, 앞으로는 생각을 완전히 바꾸어야 할 것 같군."

그런 생각을 하면서 구메는 지금까지 다른 사람들이 그렇게 하니까, 세상이 그러니까, 회사가 정한 일이니까, 관청의 규칙이니까 하는 식으로 자위하며 사람들이 정해 놓은 대로 움직여온 자신에게 문득 회한을 느꼈다.

구메가 근무하는 메이지 해상화재보험은 올 초에 업계의 경합 상대인 아세아화재와 합병을 발표했다. 7천 명과 6천 명의 손해보험 대기업끼리의 합병은 업계에 충격을 안겨줌과 동시에 시대의 흐름에 따른 필연적인 결과를 증명하는 것이기도 했다.

지금까지는 그의 회사도 재무성 산하에서 호송선단(護送船團) 방식으로 보호를 받는 금융정책에 의해 그런 대로 버텨왔지만 규제완화에 의해 경쟁원리를 도입하기 시작하면서 합병을 이루게 된 것이다.

구메는 입사 이후 네 번이나 전근을 했다. 전근한 규슈의 후쿠오카 지점에서는 천성적으로 타고난 끈기와 충성심을 발휘하여 지난 5년 동안 보험수입이 전체적으로 저하되는 상황에서도 혼자

직접 결단을 내려본다

판매수익을 올리는 기록을 세워왔다. 그 덕분에 동기 가운데 가장 먼저 영업과장으로 승진, 상사의 인정도 받아 하루하루가 즐거움으로 가득 차 있었다. 그러다가 이번에는 본사의 경영기획부 과장으로 전근하게 된 것이다.

이곳에 와 지시를 받은 내용은 '세컨드커리어 지원작전' 프로젝트의 주요 멤버가 되라는 것이었다. 이 프로젝트는 두 회사의 합병에 의한 고수익체제를 확립하는 것이 주요 목적인데, 바꾸어 말하면 대량의 인원 삭감(리스트럭처링, 즉 사업재 구축)의 1단계이기도 했다.

즉 모든 사원을 대상으로 삼는 조기퇴직제도 실시이며, 퇴직사원을 지원하기 위해 그들에게 경제적 원조를 실시하는 것이다. 쉽게 표현하면 고용조정이고 그럴 듯한 '지원체제 구축'일 뿐이다.

이번 내용을 간단히 소개해 보기로 한다.

대상자는 1천5백 명.

내년에 새로운 합병이 시작되기 한 달 전까지 약 11개월 사이에 그만두면 퇴직금 이외에 보너스로 모든 수당을 포함한 월급 1개월 분에서 15개월 분에 해당하는 금액이 실질적인 연령을 기준으로 지급된다.

대상이 되는 세컨드커리어는 다음과 같다.

전직 : 관련 회사(계열사 보험대리점 포함) 등으로의 전직 급여는

각 사가 규정한 급여(평균 65퍼센트이며 5년 동안은 10퍼센트씩 증가시켜 줌)

독립 : 회사를 설립할 경우 그 규모에 따라 원조(약 1백50만 엔)

재취직 : 소정의 재취직 알선회사를 통하여 전직

한편, 40세 사원이 독립을 하는 경우 '11.5개월＋1백50만 엔＝약 1천5백만 엔(세금 포함)'이 지불된다. 이는 비교적 두터운 지원이라고 여겨지지만 일본의 현실적인 상황에서 1천5백만 엔을 움켜쥐고 독립한다는 것은 매우 힘든 상황이다. 그 때문에 실제로는 퇴직을 강요할 수밖에 없을 것이다.

구메는 지난 2개월 동안 실행계획 책정에 관여하면서도 다음번에는 자신이 그 대상이 되리라는 점을 인식하지 않을 수 없었다.

플라자 합의가 있었던 해에 사립인 W대학 경영학부를 졸업, 메이지 해상화재보험에 입사한 구메는 현재 아내 도미에(33세), 아들 다이치(5세), 딸 가즈미(4세)와 함께 사는 4인 가족이다. 그들은 본사로부터 한 시간 정도 떨어진 거리에 있는 가와사키 시의 사원용 주택 로얄파크홈의 23평 집에 거주하고 있다.

그 나이에 비해서는 소득이 많은 편이고(연봉 1천2백50만 엔) 전근을 할 때마다 항상 사원용 주택에서 생활했기 때문에 저금은 약 1천4백50만 엔 정도 있다. 또한 종업원 지주회사의 자사주를 보

유하고 있으므로 지금까지의 생활은 그런 대로 부족함이 없었다.

그러나 구메는 그동안 회사에서의 위치가 만족스러웠던 만큼 개인적인 자립에 대해서는 자기도 모르는 사이 자신감을 잃고 있었다. 따라서 자신의 모습을 재구축하지 않으면 가까운 장래에 능력 없는 외톨이가 될 수도 있다는 불안감을 느끼게 되었다. 앞으로는 오로지 자신의 결단으로 인생 설계를 할 만한 능력을 갖추어야 한다는 것이 구메의 생각이었다.

지금까지는 수많은 전례와 그동안 쌓아온 습관, 동료들과의 상호의존에 의해 특별히 냉정한 결단을 내릴 필요 없이 그런 대로 생활해왔다. 구메 자신도 결단은 다른 사람이 내려주는 것이라는 의식에 사로잡혀 있었던 것이다.

회사의 이번 변화는 현실적인 인구 변동 및 고령화에 따른 시장 축소화 사회(High Age Market) 현상에서 비롯된 것으로, 지금까지는 샐러리맨의 끈기와 충성심이 필요했지만 앞으로는 평가 대상이 지혜와 결단력으로 바뀌고 있음을 분명히 자각해야 했다.

이제부터 개인적으로도 충분히 팔릴 수 있는 재교육(Re-training)을 시작해야 한다고 생각할 무렵, 때마침 전철 안에 방송이 울려퍼지는 바람에 구메는 사람들에게 떠밀려 플랫폼으로 내려섰다.

그리고 나서 두 달 후 구메는 실력향상을 위해 비즈니스 스쿨의 야간강좌를 듣기 시작했다. 수업이 끝나고 밤늦게 귀가하자 아내 도미에가 달려나와 이렇게 말했다.

"아버님이 심근경색으로 국립의료센터에 입원하셨어요. 휴대전화로 연락을 했는데 왜 안 받았어요?"

수업 중에는 전원을 꺼놓고 있었기 때문에 연락을 받지 못한 것이다. 두 사람은 그 길로 즉시 자동차를 몰고 병원으로 달려갔지만 아버지는 이미 세상을 뜬 뒤였다.

철강회사에 근무했던 아버지 구메 가즈타미(68세)는 정년퇴직을 한 이후에도 매우 건강한 모습으로 어머니 마리코(64세)와 함께 도쿄 세타가야 구에 살고 있었다.

구메는 자동차로 10분 정도면 본가까지 갈 수 있고 회사에 출퇴근하는 데도 큰 불편이 없다는 일상의 편리성을 고려하여 가와사키의 사원용 주택을 선택, 생활해온 것이다. 지난주만 해도 아이들을 데리고 본가에 들렀는데, 그것이 아버지와의 마지막 만남이 되어 버렸다.

그때 아버지는 평소와 달리 함께 살고 싶다는 뜻을 구메에게 밝혔다.

"지금 살고 있는 집은 지은 지 39년이나 되어서 너무 낡았다. 그래서 다시 지어야 할 것 같은데, 너도 알다시피 이 땅(50평)은 임차한 것으로 내년에는 재계약을 해야 한다. 집을 다시 지을 경우 2세대 주택으로 한다면 너희와 함께 생활할 수 있을 거야. 물론 우리 부부의 주택비용은 우리가 알아서 충당할 테니까, 너는 너희 가족이 생활할 주택비용만 마련하면 된다. 융자를 받으면 맨션을 구입하는 금액보다 훨씬 적은 돈으로 충분히 충당할 수 있을 거야. 도미에와 잘 의논해 보도록 해라."

사실 2세대 주택을 짓는다면 구메가 부담해야 할 금액은 약 2천 4백만 엔이 된다. 하지만 30년 융자를 받는다면 매달 4만 5천-5만 엔이 지출되는데, 보너스로 충당할 수 있으므로 사원용 주택에 살며 자기부담금으로 매달 지출하는 6만 엔과 큰 차이가 없었다.

본가는 전원도시에 위치해 있으며 전철역에서 걸어서 8분 정도 걸리는 가까운 거리에 있다. 구메의 입장에서도 전형적인 전원주택이라는 환경은 마음에 들었다. 아내 도미에 역시 2세대 주택이기는 하지만 설계에 따라 완전분리형을 만들 수도 있다는 생각에 두말 하지 않고 찬성해주었다. 그래서 다음 주말에 확답을 하려던 참에 아버지가 세상을 뜬 것이다. 평소에 건강했던 아버지의 모습을 생각하면 어이가 없는 일이다.

아버지와의 약속을 실행하지 못한 채 장례식을 끝내고 상속 수속을 밟자 현금은 퇴직금의 잔금을 포함하여 3천만 엔, 토지 임차 보증금이 4천2백만 엔으로 총액 7천2백만 엔이 남았다. 이는 어머니 마리코, 구메, 구메의 여동생 하루코(36세)가 분배해야 할 액수이며 상속세는 낼 필요가 없었다. 온 가족이 모여 의논을 한 결과, 어머니 마리코가 현금 1천5백만 엔, 구메가 현금 5백만 엔 및 토지임차권, 여동생 하루코가 현금 1천만 엔을 갖기로 분할 처리되었다.

구메는 토지임차권의 명의변경과 내년으로 다가온 계약변경에 대해 지주인 아오야마와 이야기를 나누어 보기로 했다.

아오야마는 자택 건축비용을 조달하기 위해 임대용 토지를 처분하고 싶다는 뜻을 밝혔다. 그의 주장으로는 임대용 토지 반환 및 매수에 드는 비용을 4천만 엔으로 처리하고 싶다는 것이었다. 즉 구메의 입장에서 볼 때 토지를 매입하려면 아오야마에게 4천만 엔을 지불해야 하고, 포기하고 보증금을 반환받을 경우에는 그에게서 4천만 엔을 돌려 받아야 했다.

구메로서는 지금까지 한 번도 생각해 보지 않았던 문제들이 잇따라 밀려들어 혼란스럽기만 했다. 그는 어머니 마리코, 여동생 하루코 부부, 그리고 아내 도미에와 함께 어머니의 부양 문제, 어머니 자신의 바람, 바람직한 토지처분 방법 등에 대해 의논해 보기로 했다. 그래서 우선 그들이 생각하는 것(문제라고 생각할 수 있는 관심사)들을 철저하게 열거해 보았다. (싱크포인트 5 : 문제점을 열거한다)

가족이 모여 회의를 할 때는 결코 비판하거나 자세한 설명을 요구하지 않았기 때문에 다들 마음을 터놓고 솔직히 자신의 의견을 밝힐 수 있었고, 따라서 현재 상황을 확실히 이해하게 되었다.

몇 번에 걸쳐 의논해본 결과, 하루코는 현재 시부모님을 모시고 있기 때문에 병약한 어머니 마리코는 구메 가족이 책임을 지고 부양하기로 했다. 고령화 시대에 따른 전형적인 가족의 모습인 것이다.

결국 어머니 마리코를 포함하여 앞으로의 생활을 어떻게 꾸려나갈 것인지, 그 결단을 가족 전원이 구메에게 일임하게 되었다. 그들은 한 달 후에 다시 한 번 모여 구메의 결단을 확인하기로 하고 가족회의를 끝냈다.

구메는 어머니를 부양하는 일이 단순히 가족이 한 명 더 늘어나는 것이 아니라 자신의 가족, 일 등 모든 생활계획에 영향을 끼친다는 사실을 인식했다.(싱크포인트 1 : 기초 인식을 확실히 한다)

따라서 삶의 기반이 되는 주거양식, 장소, 스타일 등을 정신적 · 경제적인 문제까지 모두 포함하여 신중하게 생각한 뒤(싱크포인트 13 : 안건, 선택의 목적을 명확히 한다) 결단을 내리기로 했다.

샐러리맨에게는 집을 짓거나 구입하는 일이 매우 중대한 삶의 목표이다. 왜냐하면 사람은 자신의 인생에서 무엇인가를 남기고 싶어하는 존재이기 때문이다. 유명해지고 싶다거나 돈을 벌고 싶다는 욕망 이상으로 사람은 자신의 일생을 어딘가에 각인시키고자 하는 꿈을 가지고 있다. 그러나 현실은 조직의 부속품으로 끝나 버려 자신이 살아 있다는 증거는 자택을 짓거나 소유하는 것으로 대체할 수밖에 없다.

구메는 학창 시절 사회학 강의에서 이런 말을 들은 기억이 났다.

"영국에서 말하는 '중산층'이란 갑자기 실직을 해도 가족의 의식주가 예전과 전혀 달라지지 않은 상태로 살아가고, 생활의 질을 계속 유지할 만한 기반을 가진 존재이다."

집을 구입한 샐러리맨이 융자금이라는 무거운 짐을 짊어지고 생활하다가 갑작스럽게 구조조정이라도 당하면 그 집을 포기할 수밖에 없는 사례를 들을 때마다 구메는 일본에서의 중산층이란 무지개 빛 환상에 지나지 않는다는 느낌을 지워버릴 수 없었다.

구메는 그렇게까지 무리해서 살아가고 싶지는 않았다. 그래서 우선 가족 다섯 명이 생활하기 위한 목표들을 열거해 보았다. (싱크포인트 14 : 목표나 조건을 열거하고 평가한다)

- 가능하면 경제적 비용을 줄여야 한다.
- 아이들이 성장해도 불편하지 않을 정도의 공간을 확보해야 한다.
- 생활환경이 안전하고 편리해야 한다.
- 어머니께서 납득할 만한 생활환경을 확보해야 한다.
- 현재의 생활비 35만 엔과 어머니의 유족연금에 주거비용(융자 반환금 포함)이 포함되지 말아야 한다. 어머니의 유족연금은 한 달에 17만 엔이며, 예금은 1천7백만 엔을 보유하고 있다.

구메와 어머니 마리코의 예금을 합치면 3천6백50만 엔이다. 구메는 그 중에서 투자할 수 있는 금액을 3천만 엔 정도로 생각하고 있다. 그 이상이 들어갈 경우에는 사내의 주택융자금 1천5백만 엔과 주택금융공사 금고를 활용할 예정이다.

이제부터 구메가 검토한 안건을 살펴보도록 하자.(싱크포인트 15 : 복수의 안건을 생각한다)

제1안 넓은 맨션을 구입해서 어머니와 동거한다.

구메가 살고 있는 맨션에서 역을 끼고 남쪽으로 가다 보면 현재 건축중인 맨션이 있다. 구메는 즉시 아내와 모델하우스를 구경하러 가기로 했다.

역에서 걸으면 8분 정도 걸리는 거리에 위치한 맨션은 20층의 고층으로, 전망은 매우 좋지만 최상층은 이미 다 팔리고 없었다. 17층에 있는 35평형 정도면 방이 네 개라서 어머니용 온돌방을 확보할 수 있지만 가격이 6천1백60만 엔이다.

재벌 건설업계에서 지은 것이라 구조가 튼튼하고 인테리어도 뛰어나며 거실도 매우 넓다. 역과의 사이에는 유치원부터 대학까지 사립 예술계 학교가 설립되어 있어 아이들이 통학하는 데도 불편함이 없어 보인다.

다만, 관리비가 한 달에 4만 엔을 넘어 거주비용이 약간 비싼 편이다. 그러나 회사에 출퇴근하는 시간은 현재와 거의 비슷하고 아내의 친정까지 자동차로 15분밖에 걸리지 않는다는 점에서 아내는 이 의견에 기분 좋게 찬성했다.

제2안 임차 토지를 매수하여 자택을 신축한다.

구메는 대학에 진학할 때 수학 성적만 좋았다면 건축 분야에 발을 들여 놓았을 것이다. 그 정도로 집짓는 일은 오랜 세월 동안 그의 마음속에 간직해온 꿈이었다. 이왕에 집을 지으려면 자연소재를 활용한 주택을 짓고 싶었다. 그래서 〈자연주택에서 생활하는 사람들의 모임〉에 설계를 의뢰하는 것은 어떨까 하고 생각해 보았다. 2세대 주택으로서 45평짜리 집을 지을 경우, 경비를 포함하여 총액 4천만 엔이 필요하다.

제3안 지금까지와 마찬가지로 사원용 주택에 거주하면서 근처에 어머니 방을 마련해 드린다.

사원용 주택에서 생활하게 되면 거주비용을 대폭 줄일 수 있다. 어머니를 부양하는 문제도 걸어서 5분 이내에 위치한 곳에 방을 얻어 드리면 안심할 수 있을 것이다. 현재 근처의 임대주택은 월세가 평균 12만 엔 정도이다.

이상의 세 가지 안건을 금액 면에서 따져보았다.

제1안은 6천1백60만 엔으로, 그 밖에 이사비용을 포함한 경비를 모두 합치면 약 6천7백만 엔이 필요하다. 제2안은 임차 토지를 매수하는 비용이 4천만 엔, 집을 신축하는 데 드는 경비가 4천만 엔으로 약 8천만 엔이 필요하다. 제3안은 이사비용과 임대계약 경비를 합쳐 약 1백30만 엔이면 모든 문제가 해결된다.

지난번에 가족회의를 한 뒤 열흘 정도에 걸쳐 비용 문제를 대략적으로 산출해 보았는데 거기에 일반적인 동향(싱크포인트 1 : 기초 인식을 확실히 한다)과 자신이 갖추어야 할 모습을 가미하여(싱크포인트 2 : 디자이어를 명확히 한다) 필요한 정보를 수집, 결단을 내리기 위한 기반을 좀더 확실하게 갖추기로 했다.

지금까지 구메는 순조롭게 회사를 다니다가 정년을 맞이해야겠다고 생각해왔으나 올 초에 일어난 합병 때문에 그런 전망이 불투명해졌음을 실감했다. 조직 안에서의 업무 진행방식, 그리고 업무 속에서 자신의 존재를 부각시키는 방법 등을 이제야 어느 정도 이해하게 되었는데, 이것도 일정한 조직 풍토가 존재할 경우의 이야기일 뿐 합병을 하게 되면 백지상태로 돌아갈 수밖에 없다. (싱크포인트 16 : 위험요소를 생각한다)

앞으로는 회사의 조직체제가 더욱 간소화될 것이다. 그러면 당연히 개인의 평가가 엄밀해질 테고, 업무 진행방식이나 결단의 생산성 등을 일일이 점검당할 것이다. (싱크포인트 18 : 중대한 영역을 체크한다)

그때를 대비해서라도 비즈니스에서의 정보 처리 능력, 의사 결정 능력을 중점적으로 연마하여 파이낸셜플래너 등의 자격을 갖추어야 한다. 그러기 위해 야간 대학원(경영학 석사 과정)에 다니면서 3년 안에 비즈니스의 프로페셔널이 될 생각이다. (싱크포인트 20 : 대책에는 사전대책과 사후대책이 있다)

부동산의 동향은 버블경제 이후 계속 가격이 하락하고 있다. 임차 토지 또는 맨션을 구입한다 해도 부동산 가치는 내려갈망정 올라가지는 않을 것이다. 그러나 고정자산세는 몇 년 전부터 실세가격에 맞춘다는 방침 아래 계속 오르고 있다. 지금은 정책 하나로 세금이 바뀌는 시대이므로 고정자산세는 변하지 않을 것이다. 또한 유럽이나 미국과 비교할 때 주택이나 맨션의 부동산 관련 세금은 매우 많은 편이다. (싱크포인트 1 : 기초 인식을 확실히 한다)

결론적으로 볼 때 임차 토지는 교통 여건과 환경이 좋고 아내의 친정에서도 가까워 아내가 좋은 인상을 가지고 있다는 점이 장점이다. 하지만 앞으로는 맨션을 자산으로 생각하기가 어렵다. 게다가 관리조합 등 번거로운 문제가 있어서 매매가 쉽게 이루어지지 않을 것이라는 불안감도 있다. (싱크포인트 19 : 위험요소와 기회를 정리한다)

장기적인 관점에서 과거와 비교해볼 때 부동산을 재산 증식의 대상으로 생각하는 것은 그림의 떡에 지나지 않는다. 이미 오래 전부터 고령화 사회에 접어든 선진국 북유럽에서는 부동산의 가치가 평가의 대상조차 되지 않는다. 따라서 사원용 주택을 포함한 임대주택을 활용하는 쪽이 훨씬 더 편안한 노후생활을 보장할 수 있을지도 모른다.

구메는 어머니를 위한 방을 구하기 위해 사원용 주택에서 걸어서 5분 정도 걸리는 곳을 찾아보았다. 이때 만난 부동산업자의 충고에서 고령자가 혼자 생활하는 경우 일반 주택에서 거부하는 경향이 강하다는 사실을 알게 되었다. 고령화 사회의 일그러진 현상이 주거생활에도 이미 침투해 있었던 것이다.

그는 어머니의 유족연금 수속을 밟다가 내친김에 자신의 연금은 어느 정도인지 물어보았다. 하지만 최소한 불입기간이 25년을 지나지 않으면 조회할 수 없다는 사실을 알게 되었다. 앞으로 얼마 지나지 않아 연금에서 문제가 발생할 것은 불을 보듯 뻔한 일이다.

현 정책은 불입액을 5년마다 재조정하여 수급시기를 늦추거나 수령액을 감액하는 방식으로, 문제점들을 무작정 덮어두려 하는 데 지나지 않는다. 그러다가 막판에 몰리면 정부와 행정부처는 직·간접적으로 세금을 늘리는 방법을 동원해서라도 원금 확보를 위해 나설 것이다. 즉 정부는 어떤 식으로든 세금을 늘리는 방법만을 생각하고 있을 뿐이다.

일본은 전쟁 이후 고도성장을 거치고 난 뒤 1973년의 오일 쇼크 때도 생산고를 유지하여 세계에 뻗어 있는 기업들의 지위를 확고하게 다져 놓았다. 그러나 그것도 잠깐, 1985년 플라자 합의에서 엔의 가치가 반감된 이후 일본은 서서히 침체상황에 빠지게 되었다.

1985년 엔화의 가치는 달러 당 2백38엔이었지만 지금은 그 당시의 2분의 1에 불과하다. 모든 가치의 기준이 달러에 의해 정해진 결과, 국내총생산(GDP)도 실질적으로 반감되어 버렸다. 이와 반대로 임금은 계속 올라갔는데, 공교롭게도 다른 나라의 노동력 수요가 늘어나는 바람에 국제경쟁력을 잃어버렸다.

이런 상황에서 회사측에서는 당연히 급여를 절반으로 삭감하거나 고용을 줄이는 선택을 할 수밖에 없다. 고메는 이런 점만을 생각해도 실업률 증가, 소득 감소는 피할 수 없는 현실이라는 느낌이 들었다.(싱크포인트 1 : 기초 인식을 확실히 한다)

정부와 행정부처의 간소화는 불가능하다면서 세금만 늘리는 사회는 지난 역사를 보아도 알 수 있듯이 앞으로 더욱 불안정해질 것이다. 구메는 자신의 미래는 자신이 보장해야 한다는 자립자존주의를 더욱 뼈저리게 느끼지 않을 수 없었다.(싱크포인트 16 : 위험요소를 생각한다)

교육비 상승은 앞으로 걱정해야 할 항목이지만 교육환경을 따져봤을 때 세타가야나 가와사키 정도라면 아이에게 맞는 학교를 선택할 수 있어 그다지 불편한 점은 없다. 의료시설 · 공공시설도 꽤 만족스러운 편이다. 특히 가와사키는 물가가 싸고 생활비가 적게 들어간다는 장점이 있었다.

한편, 최근 들어 사회보험료의 납부 비율이 늘어나면서 일반 가정의 총수입에 비해 세금이 차지하는 비율이 해마다 증가하고 있다. 세제의 변화와 개혁이 실시되지 않는다면 앞으로 일본은 더욱 심한 침체현상을 보이리라는 우려가 나오고 있는데, 구메도 그런 예측을 못하는 것은 아니었다.

생각해 보면 고정자산세, 상속세, 부동산취득세, 등록면허세 등 단순히 내 집을 소유한 것만으로도 여러 종류의 세금을 내야 한다. 이렇게 봤을 때 부동산은 자산은커녕 부채라고 표현해야 할 정도이다. (싱크포인트 11 : 정보의 품질을 확인한다)

이런 문제로 구메가 고민에 빠져 있을 때 그의 아내가 학창시절의 친구에게서 좋은 정보를 얻게 되었다. 자택을 신축할 때 공동 임대주택을 포함해서 지으면 건축비 융자금을 충당할 수 있을 뿐 아니라 수익도 있어서 연금을 납입할 수 있다는 내용이었다.

구메는 그 정보가 앞에서 열거한 세 가지 안건 이외에 또 하나의 새로운 안건으로 채용할 가치가 있다고 생각하여 이것을 제4안으로 생각해 보았다. (싱크포인트 15 : 복수의 안건을 생각한다)

제4안 임차 토지를 매입하여 자택을 포함한 공동 임대주택을 짓는다.

아내의 친구는 구메의 본가와 같은 세타가야에 사는데, 역까지는 걸어서 15분 정도가 걸려 구메의 본가보다 먼 편이다. 부지의 면적은 비슷한 50평이지만 용적률은 두 배나 넓었다. 구메의 본가가 위치해 있는 임차 토지와 종합적으로 비교해볼 때 조건은 거의 비슷하다고 할 수 있다.

공동 임대주택을 짓는다면 장기간에 걸친 임대공간이 곧 임대용 상품이라고 생각해야 한다. 또한 주택가가 밀집되어 있다는 지역적 위치로 볼 때 디자인, 거주의 편리성, 설비 등에서 꽤 품질이 우수한 건물을 지어야 한다. 게다가 30년 이후까지 상품성을 유지할 수 있도록 내구성도 염두에 두어야 한다.

도메는 아내의 친구 집을 설계하고 시공한 회사이자 고급주택 설계로 꽤 유명한 (주)모던홈을 소개해 달라고 해서 이쪽의 취지를 전하고 스케치와 대략적인 견적을 뽑아 달라는 부탁을 했다.

그 결과 지하층과 1층에 원룸(고수입 독신자용) 4개를 만들고 자동차 4대가 들어갈 수 있는 주차장, 그리고 2층과 3층을 자택으로 사용하는 형식으로 지을 때 합계 약 8천만 엔의 예산이 필요하다는 견적이 나왔다. 토지 매입비용 4천만 엔에다가 8천만 엔을 합하면 총액은 1억 2천만 엔인데, 현재 가지고 있는 투자금액이 3천만 엔이기 때문에 9천만 엔의 융자를 받아야 했다.

뜻밖에도 제4안이 부각되었기 때문에 구메는 다음 가족회의를 한 달 정도 연기한다는 뜻을 가족에게 전했다. 회사의 프로젝트도 시간이 흐를수록 빠르게 추진되는 한편, 야간의 비즈니스 스쿨에도 나가서 수업을 받아야 했기 때문에 눈코 뜰 새 없이 바쁜 생활이 이어졌다. 구메는 일을 하고 자식을 키우고 부모를 부양하는 등 모든 책임을 짊어지고 살아야 하는 이 세대의 전형적인 가장인 것이다.

구메는 제4안의 개요를 구체적으로 밝힌 뒤 네 가지 안 가운데 하나를 선택하기로 결정했다.

우선 최초의 선택 목적을 분명히 하기 위해 '가족의 생활을 오랫동안 안정시켜 줄 수 있는 주거지를 확보한다'는 점을 설정했다.(싱크포인트 13 : 안건, 선택의 목적을 명확히 한다) 그리고 목적과 비교하면서 목표와 조건을 열거해 보았다.

반드시 달성해야 할 '절대목표/조건'은 다음의 두 가지이다.

• 현재의 생활비(어머니의 연금도 포함)에 주거비용이 더 이상 투입되지 않을 것
• 다섯 명이 생활할 수 있는 공간(아이들이 성장했을 때를 가정) 을 확보할 수 있을 것

그 다음에는 가능하면 달성하고 싶은 '희망목표/조건'을 열거해 보았다.

• 환경이나 편리성이 좋을 것
• 어머니가 가족과 교류를 가질 수 있을 것

- 비용이 적게 들어갈 것

- 장기간에 걸쳐 부담이 없을 것

- 안전할 것

- 자산이 될 수 있을 것

- 에너지를 절약할 수 있을 것

- 주거환경이 뛰어날 것(건강 면에서)

- 질리지 않는 주거공간이 될 것

- 생활이 즐거울 것

　선택의 목적을 명확히 했기 때문에 여러 가지 '목표/조건'을 들 수 있었다. 처음에는 세 가지 안건뿐이었지만 정보를 수집하는 과정에서 한 가지 안건이 더 증가되어 운이 좋게도 선택의 폭이 훨씬 더 넓어졌다.

　구메는 각 안건을 평가해 보다가 제3안은 경비와 공간이라는 점에서 단점이 있으므로 즉시 제외시켰다. 나머지 세 가지 안건을 바탕으로 그동안 수집한 정보를 평가해 보자 1위는 제4안, 2위는 제1안, 3위는 제2안이라는 결과가 나왔다. 하지만 제4안과 제1안은 별 차이가 없고 제2안도 그다지 뒤떨어지는 안건은 아니었다. 그래서 제1안, 제2안, 제4안 등 세 가지 안건의 리스크, 즉 실시했을 경우에 발생할지도 모르는 위험요소에 대해서 생각해 보았다.(싱크포인트 16 : 위험요소를 생각한다)

- 고층맨션은 생각한 것만큼 주거환경이 쾌적하지 못하다. (제1
  안)
- 맨션은 자산의 하락이 심하다. (제1안)
- 자택만을 신축하는 경우에는 장기간에 걸쳐서 유지비용이 많
  이 들어간다. (제2안)
- 가족 구성의 변화에 의해 낭비가 발생할 수 있다. (제2안)
- 공동 임대주택의 입주자와 트러블이 발생할 수 있다. (제4안)
- 입주가 제대로 이루어지지 않을 가능성이 있다.

이렇게 열거한 위험요소에 따라 발생할 수 있는 가능성이나 영향력을 생각해본 구메는 그다지 치명적인 결함은 없다는 사실을 알 수 있었다.

반대로, 각각의 위험요소를 안건에 대비하여 현실성이라는 관점에서 확인해 보는 여유도 생기게 되었다. 고층맨션에 살고 있는 친구의 집을 방문하거나 〈자연주택에서 생활하는 사람들의 모임〉의 연구회에 참석하여 자연에 대한 새로운 공부도 할 수 있었다.

공동 임대주택에 대해서는 20년 후, 30년 후 임대인의 라이프 스타일을 연구했고, 임대 알선업자를 방문하여 최근의 임대 매니지먼트의 동향을 새삼 이해할 수 있었다. (싱크포인트 1 : 기초 인식을 확실히 한다)

일상적인 생활에서도 정보에 근거를 둔 프로세스를 활용하면

결단의 품질은 상당히 높아진다. 특히 위험요소에 대해 생각하는 것은 가장 좋은 방법을 더욱 좋은 방향으로 이끄는 길이기도 하다.

구매는 '평가/위험요소'를 생각해볼 때 제4안, 즉 자택 겸용 공동 임대주택의 건설이 목적이 딱 들어맞는다는 것을 알게 되었다.

구매는 약 한 달 늦게 열린 가족회의에서, 자신의 결단은 공동 임대주택에 자택을 병설하여 짓는 것임을 전했다. 또한 목적이나 목표, 조건, 다른 안건이나 위험요소를 모두 설명하여 가족으로부터 구체적인 질문을 이끌어냈고, 나아가 그 내용을 충분히 이해시켜 주었다. 이렇게 해서 가족 전체의 적극적인 찬성을 얻게 된 것은 결단에 이르기까지 지난 두 달 동안 노력을 기울인 성과였다.

그 후 구매는 땅주인인 아오야마를 만나 토지 매수를 위한 교섭에 들어갔다. 그리고 H은행 융자상담 코너를 찾아가 융자 설정 등에 관한 교섭을 시작했는데, 이것들은 사전에 예상한 대로 별 무리 없이 마무리 지을 수 있었다. 하지만 실제로 그 후 또 한 가지 결단을 내려야 할 상황이 발생했다. 설계와 건설을 담당하는 모던홈과의 계약 문제 때문이었다.

- 집이 완성될 때까지의 스케줄은?
- 집을 짓는 데 들어가는 비용은?
- 뜻밖의 일로 공사가 중단되었을 때의 대비책은?

이런 식으로 생각하다 보니 위험요소는 매우 다양해졌다.

최근의 건설업계는 큰 문제가 없다고 하지만 본격적인 건축을 시작한 이상 주인인 구메의 입장에서는 나름대로 장래를 분석해야 할 필요가 있었다. 그래서 계약(결단)을 할 때 달성해야 할 포인트, 즉 완공하여 이사할 때까지의 중대 영역을 체크하거나 위험요소와 기회를 정리하여 각각의 사전대책과 사후대책을 살펴보았다.

그 결과 하청회사의 도산이나 콘크리트 등 자재 부족, 외부단열재 시공, 전기·가스 등 인프라 설비에 관하여 중대영역이 있다는 사실을 알 수 있었다. 그것들을 생각하자 비용 증대, 시공 지연 등의 위험요소에 대해 소재나 설비의 확인, 보증의 설정 등 계약할 때 확인해야 할 일들을 미리 명확하게 알 수 있었다.

그런 사항들을 중점적으로 확인한 뒤 모던홈과 계약을 하여 설계, 건설에 들어갔다. 시공을 시작한 뒤에도 그런 문제들이 확실하게 처리되고 있는지 주의 깊게 검증해 보았다.(싱크포인트 19 : 위험요소와 기회를 정리한다)

옛 집을 철거한 뒤에 신축하는 것이므로 구메의 어머니는 일단 사원용 주택에서 함께 생활하게 되었다. 갑자기 어머니가 들어오는 바람에 가족이 다섯 명이 되어 사원용 주택이 좁았지만 아이들은 가족이 한 명 늘어난 것을 꽤 즐거워하는 듯했다. 그러나 처음으로 함께 살게 된 탓에 피로가 쌓였는지 어머니는 1주일 정도 입원하게 되었다. 이것은 미처 예상하지 못한 사건이지만 집이 완성될 즈음 어머니도 구메의 가족과 다시 뭉칠 수 있었다.

완성을 눈앞에 둔 시점에서 임대 알선업자가 입주희망자들을 데리고 건물을 보러 왔는데 소재가 좋고 공간이 넓다는 점, 그리고 디자인이 산뜻하다는 요소들이 장점으로 부각되어 임대료가 약간 비쌌는데도 쉽게 입주가 끝났다. (싱크포인트 23 : 진행상의 중요한 포인트를 체크한다)

구메는 입주자들에게 신중히 만들어둔 입주규정서를 건넸다. 거기에는 임대 공간과 자택 공간과의 분리 등이 명확하게 기재되어 있었다. 수익 면에서도 융자 및 유지비용을 제외하고 한 달에 30만 엔 이상의 여유가 생겨 연금을 부을 수 있게 되었다.

입주는 예정보다 사흘이 늦었지만 입주자들에게 별다른 피해를 끼치지 않고 거의 완벽한 상태에서 입주를 마칠 수 있었다. 구메는 신축에서 입주, 그리고 그와 관련된 기록들을 마지막으로 정리하여 가족들에게 나누어 주었다. (싱크포인트 24 : 경험의 영상화를 도모한다)

장래 분석과 실시 분석은 계획을 실행하기 위한 결단이며, 가장 짧은 시기에 가장 적은 비용으로 계획을 달성하기 위한 프로세스이다. 이 두 가지 분석과정에 대해서 다시 한 번 확인해 보자.

장래 분석과 실시 분석은 다음과 같은 싱크포인트로 구성되어 있다.

▌장래 분석

`17` 달성해야 할 포인트를 결정한다.

`18` 중대한 영역을 체크한다.

`19` 위험요소와 기회를 정리한다.

`20` 대책에는 사전대책과 사후대책이 있다.

▌실시 분석

`21` 업무를 세밀하게 분류한다.

`22` 역할 분담을 분명히 한다.

`23` 진행상의 중요한 포인트를 체크한다.

`24` 경험의 영상화를 도모한다.

일반적으로 장래 분석, 실시 분석 프로세스는 간과하기 쉽지만 결단의 프로페셔널은 이 두 가지 프로세스에 특히 주목하여 결단을 내린다.

프로세스를 거침으로써 얻게 되는 성과는 시간과 비용에 집중된다. 즉, 이 두 가지 프로세스를 끈기 있게 거치는 것이야말로 성과와 직결되는 것이다.

구메는 본사로 전근한 이후 아버지의 사망을 포함하여 지금까지 한 번도 생각해보지 않은 변화 속에서 최선의 노력을 기울여 결단을 실행했다. 사실 그것은 먼저 근무했던 사무실의 상사가 전근을 암시하면서 건네준 한 권의 비즈니스 서적에서 얻은 지식이었다. 구메는 그 비즈니스 서적을 읽고 난 뒤 의사 결정에도 사고하는 기술이 필요하며 그것을 인식함으로써 훨씬 빠르고 질 높은 결단을 내릴 수 있다는 사실을 깨닫게 된 것이다.

일본도 빈부의 격차가 점차 심해지는 현실 때문에 한숨을 내쉬고 있지만 미국에서는 그 격차가 훨씬 더 크다. 미국의 개인자산의 약 절반은 불과 3.5퍼센트의 세대가 소유하고 있다고 한다.

억만장자로 불리는 사람은 백만 달러 이상의 순자산을 가지고 있으며, 경제적으로 이미 자립한 상태이다. 즉 그들은 매달 받는 급여가 중단된다 해도 지금까지 유지해온 생활방식이 바뀌지 않는 상태에서 몇 년 동안 그 생활을 유지할 수 있다. 현재 4.8퍼센트의 세대가 억만장자에 해당한다는 조사 결과도 나와 있다.

조사를 하는 과정에서 억만장자들이 공통으로 가지고 있는 특징으로서 항상 자신의 골을 설정하고 그것을 목표로 삼아 상황을 확실하게 판단, 매진하는 모습이 부각되었다. 그들은 우선 순위를 정하고, 특히 중대영역의 위험요소와 기회를 적절하게 정리, 스케줄을 정한 뒤에 작업내용을 결정한다고 한다.

그들은 행운이나 우연의 작용과는 거의 인연이 없다. 다만 그들은 입을 모아 이렇게 말한다.

"자산을 구축하는 것은 결단을 내릴 수 있는가, 그렇지 않은가에 달려 있다."

마치고 나서

일반적으로 우리의 후손들이 역사 교과서를 읽을 경우 그 시대야말로 심각한 전환기였다고 느낄 테지만, 필자는 우리가 살고 있는 바로 이 순간이 전환기라는 생각을 할 때가 많다. 현대 사회를 살아가는 우리야말로 바닥을 알 수 없는 공포라고 표현할 수밖에 없는 위기감을 가장 절실하게 실감하기 때문이다.

이런 상황에서 대부분의 사람이 새까만 어둠 속을 질주하는 제트코스터의 승객처럼 불안과 당혹감을 느끼며 이대로 계속 승차해야 할지, 아니면 어디선가 하차해야 할지 결단을 내리지 못한 채 살아가고 있다.

새로운 세기로 접어들면서 자주 들을 수 있는 말은 '대붕괴의 시대'라거나 '폭주하는 세계' 같은 표현인데, 이는 혼란스런 시대를 상징하는 것이다. 그 밖에도 실업, 소비억제, 경제붕괴, 이혼 증가, 독단, 무책임, 가정붕괴, 범죄 급증, 검거율 급락, 안전의식

상실, 관료들의 부패, 재정파탄, 국가행정 붕괴 등 예상치 못한 많은 일들이 벌어지고 있다.

이들 대부분은 정부나 회사, 가족이라는 조직에서의 사고력 저하, 그리고 정보처리 능력의 결여에 의한 혼란에서 발생하는 것이 아닐까?

지금까지는 조직에 소속되어 있으면 조직이 개인을 보살펴 주었고 모든 것을 결정해 주었다. 그렇기 때문에 어떤 조직에 소속되어 있다는 것은 가장 편안한 생활을 보장받은 것과 같았다.

하지만 조직이 개인을 보살펴 주지 못하게 되었을 때 개인은 어떻게 해야 좋을까?

이것이 현재 우리가 끌어안고 있는 명제라고 여겨진다. 따라서 주의 깊게 귀기울이고 눈을 모아 주시한 뒤 필요한 정보를 즉시 정리하고 그 정보에 근거하여 결단을 내려야 할 필요성이 요구되고 있다.

최근 들어 유럽과 미국이 일본의 사법제도를 비판하자, 일본은 대대적인 사법제도 개혁작업에 착수하고 있다. 사법의 주체는 국민이라는 지극히 당연한 사실을 이제야 깨달은 것이다.

사법제도 개혁의 목적은 일반인들의 관심이 높은 형사재판에 일반 시민이 직접 참가하여 재판관과 동등한 권한을 가지고 판결에 실질적으로 관여하는 '배심원제'의 창설이다.

이 시스템이 도입되면 어떻게 될까? 언젠가 당신은 다른 사람의 인생에 결단을 내려줄 수도 있을 것이다.

앞으로는 개개인이 내리는 정확한 결단이 더욱더 중요해질 것이다. 이 책을 활용함으로써 '당혹스러움'과 '고민'이 어느 정도 해소될 수 있다면 필자 입장에서 더 이상 바랄 나위가 없다.

이 책을 집필하는 데 도움을 주신 많은 분들께 진심으로 감사를 드린다.

2002년 1월

이마무라 에이자부로(今村榮三郎)

결단 전문가를 위한 24가지 법칙

초판 1쇄 인쇄 2002년 11월 28일
초판 1쇄 발행 2002년 12월 2일

지은이 · 이마무라 에이자부로
옮긴이 · 이정환
펴낸이 · 한순 이희섭
펴낸곳 · 나무생각
교정 · 김미정
마케팅 · 문제훈
출판등록 · 1998년 4월 14일 제13-529호
주소 · 서울특별시 마포구 서교동 328-13
전화 · (대) 334-3339, (편) 334-3308
팩스 · 334-3318
이메일 · tree3339@hanmail.net
tree3339@dreamwiz.com

값은 뒤표지에 있습니다.
잘못된 책은 바꿔 드립니다.

ISBN 89-88344-53-7 03320